Bianca Maria Brivio

IL FU MATTIA PASCAL

di Luigi Pirandello

LOESCHER EDITORE

© Loescher Editore - Torino - 2013
http://www.loescher.it

I diritti di elaborazione in qualsiasi forma o opera, di memorizzazione anche digitale su supporti di qualsiasi tipo (inclusi magnetici e ottici), di riproduzione e di adattamento totale o parziale con qualsiasi mezzo (compresi i microfilm e le copie fotostatiche), i diritti di noleggio, di prestito e di traduzione sono riservati per tutti i paesi. L'acquisto della presente copia dell'opera non implica il trasferimento dei suddetti diritti né li esaurisce.

Le fotocopie per uso personale del lettore possono essere effettuate nei limiti del 15% di ciascun volume dietro pagamento alla SIAE del compenso previsto dall'art. 68, commi 4 e 5, della legge 22 aprile 1941 n. 633.

Le fotocopie effettuate per finalità di carattere professionale, economico o commerciale o comunque per uso diverso da quello personale possono essere effettuate a seguito di specifica autorizzazione rilasciata da CLEAredi, Centro Licenze e Autorizzazioni per le Riproduzioni Editoriali, Corso di Porta Romana 108, 20122 Milano, e-mail *autorizzazioni@clearedi.org* e sito web *www.clearedi.org*.

L'editore, per quanto di propria spettanza, considera rare le opere fuori dal proprio catalogo editoriale. La fotocopia dei soli esemplari esistenti nelle biblioteche di tali opere è consentita, non essendo concorrenziale all'opera.
Non possono considerarsi rare le opere di cui esiste, nel catalogo dell'editore, una successiva edizione, le opere presenti in cataloghi di altri editori o le opere antologiche.

Nel contratto di cessione è esclusa, per biblioteche, istituti di istruzione, musei ed archivi, la facoltà di cui all'art. 71 - ter legge diritto d'autore.

Maggiori informazioni sul nostro sito: http://www.loescher.it

Ristampe

5	4	3	2	1
2017	2016	2015		

ISBN 9788858302620

Nonostante la passione e la competenza delle persone coinvolte nella realizzazione di quest'opera, è possibile che in essa siano riscontrabili errori o imprecisioni. Ce ne scusiamo fin d'ora con i lettori e ringraziamo coloro che, contribuendo al miglioramento dell'opera stessa, vorranno segnalarceli al seguente indirizzo:

Loescher Editore s.r.l.
Via Vittorio Amedeo II, 18
10121 Torino
Fax 011 5654200
clienti@loescher.it

Loescher Editore S.r.l. opera con sistema qualità
certificato CERMET n. 1679-A
secondo la norma UNI EN ISO 9001-2008

Coordinamento editoriale: Laura Cavaleri
Redazione: Alessandra Liberati (studio zebra)
Ricerca iconografica: studio zebra, Emanuela Mazzucchetti
Progetto grafico: VisualGrafika - Torino
Impaginazione: Giulia Giuliani
Illustrazioni: Giacomo Bagnara

Stampa: Rotolito Lombarda S.p.A. - Pioltello (MI)

Referenze fotografiche
© Archivio IGDA / A. Dagli Orti, Istituto Geografico De Agostini S.p.A., Novara, 1990: 7; Studio Lipnitzki Roger-Viollet/Alinari: 8; www.esploriamo.com: 32a (cartina della Liguria); Antonio S/shutterstock.com: 32b; brejetina/Shutterstock.com: 33a; © 2010 Photos.com: 33b, 34b; M. Santini / "Airone", n. 301, 2006: 34a; © Gribaudo: 2001: 77.

indice

Premessa 5
- Attività 6
- Scheda 1: Luigi Pirandello – Vita e opere 7

Capitolo 1
L'inizio della storia 11
- Attività 16

Capitolo 2
Il matrimonio 19
- Attività 23

Capitolo 3
Il casinò 25
- Attività 30
- Scheda 2: La Liguria 32

Capitolo 4
Un uomo nuovo 37
- Attività 45

Capitolo 5
La seduta spiritica 47
- Attività 54

Capitolo 6
La crisi 57
- Attività 64

Capitolo 7
Il ritorno 67
- Attività 75
- Scheda 3: *Il fu Mattia Pascal* 77

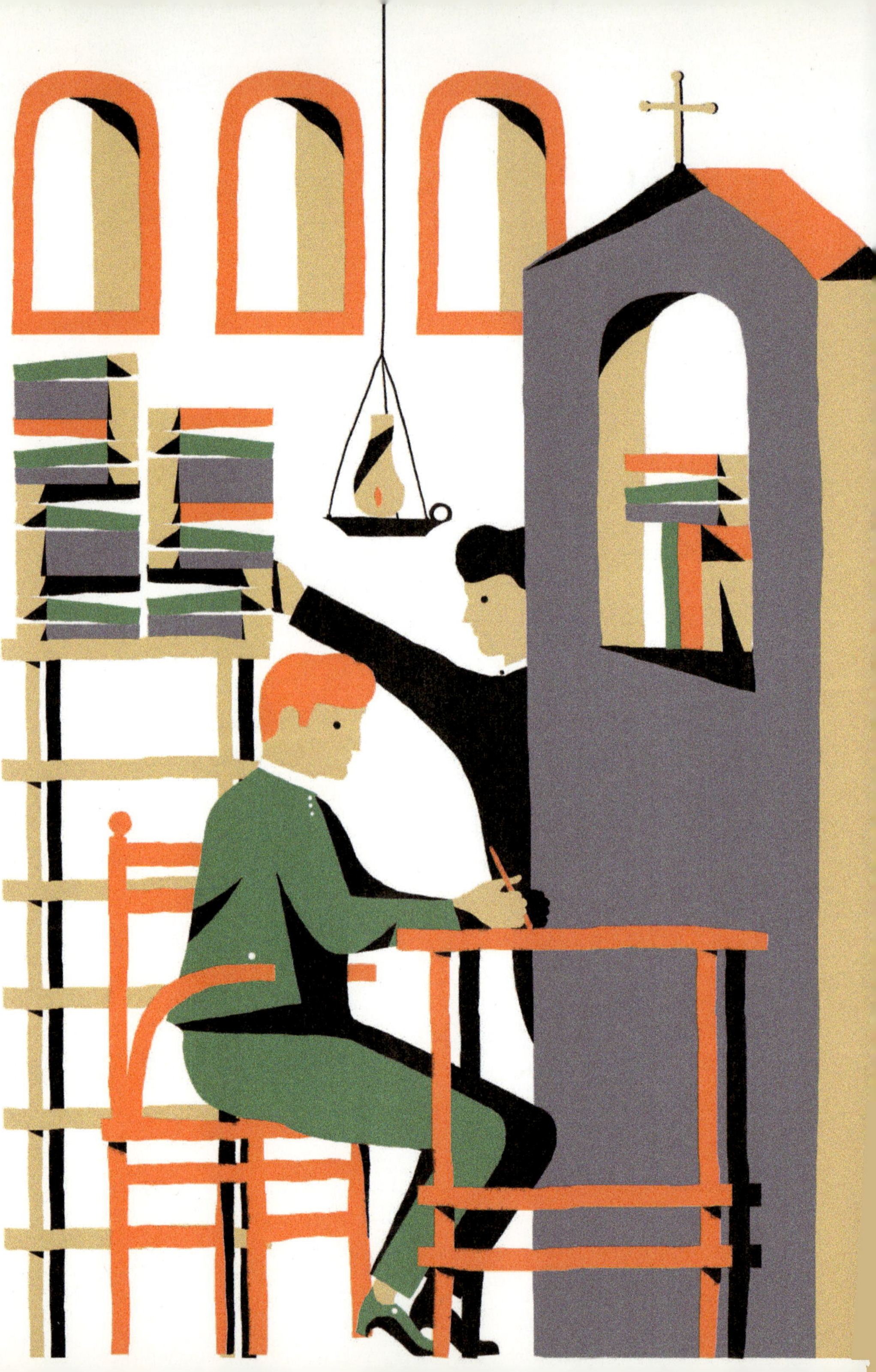

Premessa

TRACCIA 2

L'unica cosa che so è che mi chiamo Mattia Pascal.
A volte qualcuno dei miei amici o conoscenti viene da me per qualche consiglio. Io allora rispondo solo: "Io mi chiamo Mattia Pascal".
E lui: "Grazie caro. Questo lo so".
E io: "E questo non ti basta? Non conosci la mia storia?".
Per circa due anni, ho lavorato nella biblioteca di Miragno, la nostra piccola città. La biblioteca si trova in una chiesetta un po' fuori dalla cittadina. Ho lavorato come bibliotecario, ma sono stato più un **cacciatore**[1] di topi che un guardiano di libri. Ai miei concittadini i libri non interessano molto. Ma la biblioteca è un regalo di un certo Monsignore e per questo l'hanno tenuta.
Neanch'io amo molto i libri, però – pensate un po'! – ho deciso di scrivere un libro. È l'unico modo che conosco per raccontare la mia storia. Ed è una storia strana e **istruttiva**[2].
È il mio amico don Eligio Pellegrinotto che mi ha consigliato di scrivere la mia storia. Lui tenta di mettere ordine nella montagna di libri regalati dal Monsignore.
Io intanto scrivo seduto a un tavolino. E a lui lascio questo **manoscritto**[3]. Nessuno però potrà leggerlo prima che siano passati cinquant'anni dalla mia terza, ultima e definitiva morte.

---

1) **cacciatore**: chi cattura e uccide animali selvatici.
2) **istruttivo**: che insegna qualcosa.
3) **manoscritto**: libro scritto a mano.

Comprensione

1) Scegli l'alternativa corretta.

1. Dove lavora Mattia Pascal?
a ☐ In un bar.
b ☐ In un hotel.
c ☐ In una biblioteca.

2. Che cosa caccia Mattia nel luogo dove lavora?
a ☐ Gatti.
b ☐ Cani.
c ☐ Topi.

3. La biblioteca è un regalo
a ☐ di una ricca signora.
b ☐ di un Monsignore.
c ☐ di un proprietario terriero.

4. I concittadini di Mattia
a ☐ amano molto i libri.
b ☐ non sono molto interessati ai libri.
c ☐ preferiscono ascoltare la musica.

5. Mattia scrive la sua storia
a ☐ perché è strana e istruttiva.
b ☐ perché è annoiato e non sa che cosa fare.
c ☐ perché gli piace scrivere.

Luigi Pirandello
Vita e opere

La vita
Luigi Pirandello nasce in Sicilia, ad Agrigento, nel 1867. La sua famiglia è **benestante** e di **tradizioni risorgimentali**. Studia a Palermo, Roma e Bonn, in Germania, dove si laurea con una tesi sul dialetto di Agrigento.
Nel 1894 Luigi Pirandello si sposa e l'anno dopo si trasferisce con la moglie a Roma, dove nascono i suoi tre figli.
Dopo una vita di successi letterari Pirandello muore nel 1936 a Roma.

Ritratto di Luigi Pirandello.

Le opere teatrali
Pirandello diventa famoso a partire dal 1910 grazie alle sue opere teatrali. Scrive molte opere che vengono suddivise in base alle varie fasi artistiche dell'autore.
- **Prima fase: il teatro siciliano**
  Pirandello è all'inizio della carriera. I suoi testi sono in **dialetto siciliano**. Le opere più famose di questo periodo sono: *Lumìe di Sicilia*, *Cecè*, *Pensaci Giacomino*, *Liolà*.
- **Seconda fase: il teatro umoristico-grottesco**
  Protagonisti di queste opere sono personaggi che rappresentano

la realtà della vita in **modo umoristico**. Di questo periodo sono: *Così è (se vi pare)*, *Il berretto a sonagli*, *La giara*, *Il piacere dell'onestà*, *L'uomo, la bestia e la virtù*, *Come prima, meglio di prima*.

- **Terza fase: il teatro nel teatro**
  In questa fase il teatro pirandelliano diventa molto più visivo e più **dedicato allo spettatore**. Si usa il palcoscenico multiplo in cui si vedono diverse scene in varie stanze nello stesso momento. Di questo periodo sono: *Sei personaggi in cerca d'autore*, *Enrico IV*, *L'uomo dal fiore in bocca*, *L'amica delle mogli*, *Come tu mi vuoi*, *Questa sera si recita a soggetto*.

Sei personaggi in cerca d'autore di Luigi Pirandello, opera rappresentata a Parigi, Théatre des Mathurins, 1937.

Le novelle

Pirandello è anche famoso come autore di novelle. In quasi tutte l'ambientazione e il periodo non sono definiti. D'altra parte i personaggi sono molto realistici: rappresentano **persone comuni** che svolgono lavori comuni, come agricoltori, sarte, commercianti, tutti con i comuni problemi della vita. Famosa è la raccolta ***Novelle per un anno*** (1922).

I romanzi

Pirandello ha scritto sette romanzi. Di questi ***Il fu Mattia Pascal*** (1904) e ***Uno, nessuno e centomila*** (1926) hanno avuto un grande successo. Il tema centrale di questi due romanzi è la crisi dell'identità.

SCHEDA 1

1) Scrivi per ogni fase della carriera teatrale di Pirandello il titolo di almeno un'opera.

   Prima fase ....

   ....

   Seconda fase ....

   ....

   Terza fase ....

   ....

2) Qual è la caratteristica principale dei personaggi delle novelle di Pirandello?

   ....
   ....
   ....
   ....
   ....

3) Qual è il tema centrale dei due romanzi più famosi di Pirandello?

   ....
   ....
   ....
   ....
   ....

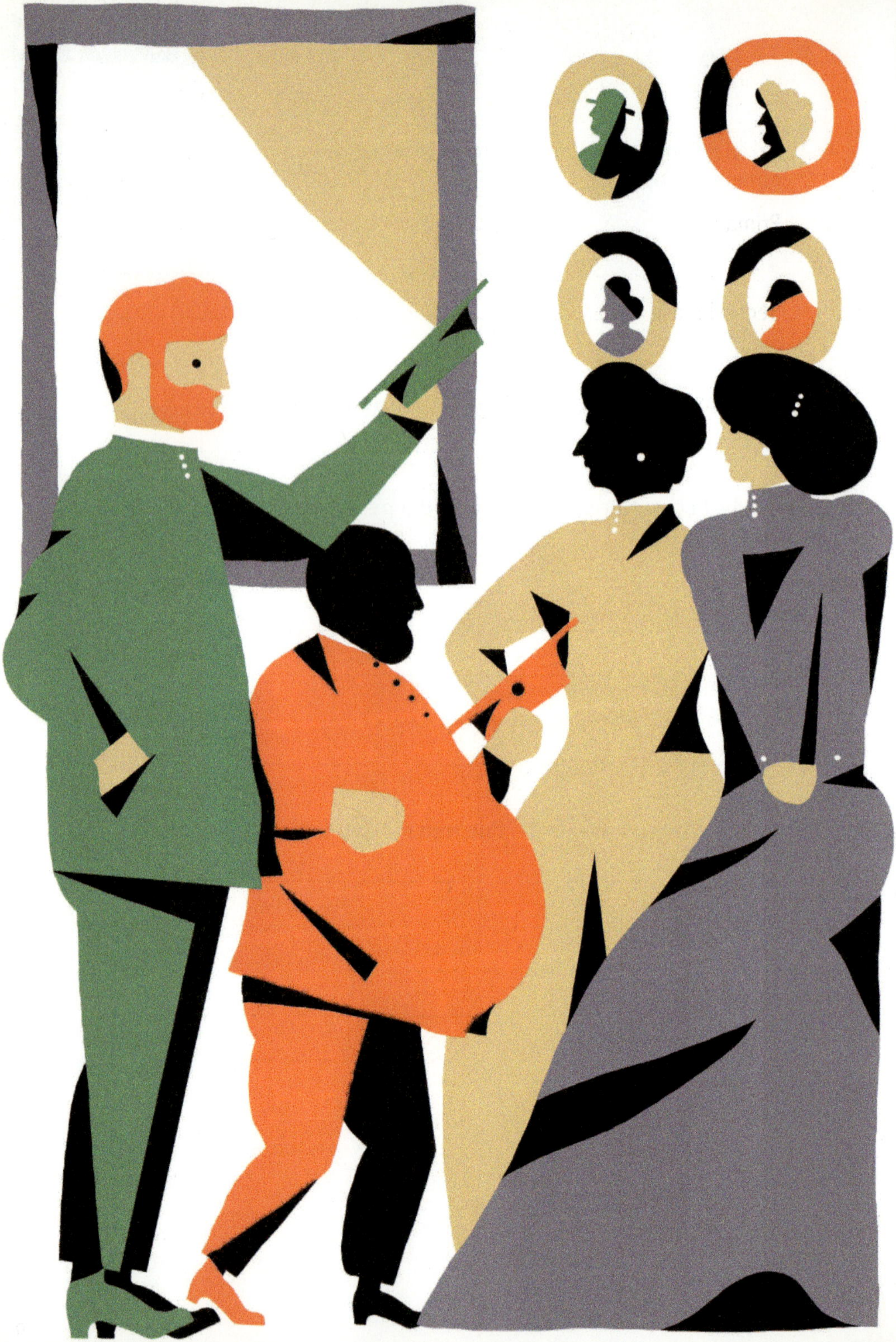

Capitolo 1
L'inizio della storia

TRACCIA 3

Non ho mai conosciuto mio padre. È morto per una malattia quando io avevo solo quattro anni.
Ha lasciato una grossa **eredità**[1] a mia madre e ai suoi due figli, Mattia, cioè io, e Roberto, detto Berto, che è più grande di me di due anni.
Mio padre non è diventato ricco con il gioco o per strani traffici, come pensa qualche vecchio del paese. In realtà, è stato solo un bravo commerciante: comprava e rivendeva merce di ogni tipo. Poi investiva i guadagni in terre e case nel suo paese.
Così ha comprato prima la terra delle *Due Riviere*, il **podere**[2] della *Stìa*, poi dei **vigneti**[3] e un altro terreno ancora.
Ha costruito diverse case e in una di queste abitava la nostra famiglia. Noi, veramente, dopo la morte di mio padre

---

1) **eredità:** soldi o proprietà lasciati da un parente morto.
2) **podere:** terreno coltivato con una fattoria vicino.
3) **vigneto:** campo di uva.

vivevamo in tre camere soltanto. Le altre stanze erano sempre chiuse, con vecchi mobili e un brutto odore di **stantio**[4].

La morte improvvisa di mio padre è stata la nostra rovina. Lui era la guida della famiglia e mia madre non era brava negli affari. Lei era una donna timida e inesperta, di salute molto delicata. Alla morte di mio padre, **ha affidato**[5] la gestione dell'eredità a un uomo disonesto. Il suo nome è Batta Malagna.
"Quell'uomo ti deruba" diceva sempre zia Scolastica.
"Quell'uomo è un disonesto."
Zia Scolastica era una sorella di mio padre. Una donna dal carattere forte e rabbioso. Quando ci faceva visita cercava di convincere la mamma a risposarsi con il cavalier Gerolamo Pomino che era vedovo, come mia mamma.
Mia zia non era sposata e aveva una brutta opinione degli uomini. "Sono tutti traditori" diceva sempre. Ma del signor Pomino aveva un'opinione diversa.
"Sposati con lui" diceva alla mamma. "È un brav'uomo! È l'ideale per te!"
Ma mia madre le rispondeva: "Non posso, Scolastica, è un'offesa al mio povero marito morto. Non posso sposare un altro uomo. Tu sei sua sorella, non lo capisci?".
Il cavalier Pomino, un omino piccolo e **ben pettinato**[6], veniva spesso in visita a casa nostra con la zia Scolastica e il figlio, che si chiama Gerolamo come il padre e che è mio amico. Seduto su una sedia, il cavalier Pomino fissava mia madre con i suoi piccoli occhi

---

4) **stantio:** cattivo odore di vecchio.
5) **affidare:** dare, consegnare.
6) **ben pettinato:** con i capelli in ordine.

azzurri. Questo per mesi. Ma infine la mamma non lo ha sposato. E la famiglia, i soldi, gli affari, tutto **è andato a rotoli**[7]. Non è giusto dare la colpa della nostra rovina solo a mia madre.

La colpa è anche nostra, mia e di mio fratello Berto. Quando siamo cresciuti, avevamo ancora una parte dei soldi e dei terreni. Ma non volevamo studiare e non volevamo occuparci degli affari di famiglia.

Io a diciotto anni ero grosso e robusto, e non ero certo bello. Avevo un **occhio storto**[8] e per questo dovevo portare gli occhiali. Ma io odiavo gli occhiali. Infatti a un certo punto li ho buttati e sono restato con il mio occhio che guardava dove voleva.

Mio fratello Berto, invece, era bello di viso e di corpo.

Batta Malagna veniva spesso a lamentarsi da mia madre. "Spendete troppo" diceva. "Facciamo troppi debiti. E poi ci sono sempre tanti lavori da fare alle proprietà..."

Così ha avuto la scusa per vendere tutto: prima i terreni, poi i vigneti e infine le case. E mentre noi diventavamo sempre più poveri lui diventava sempre più ricco.

Batta Malagna... che ometto orrendo! Aveva una pancia enorme che sembrava toccare terra e le gambe corte corte. Sua moglie era una donna più ricca di lui. E per questo lo tormentava. "Devi fare così, devi fare così, devi seguire quello che ti dico" gli diceva tutto il tempo.

Ecco perché rubava! Qualcosa doveva pur fare con una moglie così!

---

7) **andare a rotoli**: andare male, in rovina.
8) **occhio storto**: l'occhio non guarda diritto ma altrove.

Non avevano avuto figli. La moglie di Batta Malagna è morta quando lui non era più giovane, ma molto ricco.
E così si è risposato – forse un po' troppo in fretta – con Oliva, la figlia di Pietro Salvoni, un nostro **fattore**[9] di campagna.
Io la conoscevo bene e spesso andavo a trovare il padre.
Bella, sana e robusta, era la donna ideale per far nascere molti figli. Infatti lui l'aveva sposata proprio per questo…
Eppure nei primi tre anni non aveva ancora avuto bambini.
Per questo Malagna si arrabbiava con Oliva. Lei veniva spesso da mia madre, che la consolava: "Hai solo vent'anni, non preoccuparti, i figli arriveranno". Ma Oliva si preoccupava perché aveva il **sospetto**[10] che era Batta Malagna a non poter avere figli.

Un giorno Malagna mi presenta sua nipote Romilda. "Mattia Pascal. Marianna Dondi, vedova Pescatore, mia cugina. Romilda, mia nipote". Marianna Dondi è una **strega**[11], brutta e insensibile. Ma la figlia Romilda è dolce e graziosa, anche se ha l'aspetto un poco triste.
Io resto poco quella prima volta, per avere una scusa per tornare ancora. Il giorno dopo incontro il mio amico Gerolamo, il figlio del cavalier Pomino, che io chiamo anche Mino. Con lui passo tanto tempo. Ancora non si è sposato e sta cercando moglie.
So che è innamorato di Romilda.
"Romilda è bella e onesta" gli dico "ma secondo me Malagna **ha intenzioni nei suoi confronti**[12]. Dobbiamo assolutamente salvare la ragazza."

---

9) **fattore:** contadino, agricoltore che si occupa di una fattoria.
10) **sospetto:** dubbio.
11) **strega:** donna cattiva.
12) **ha intenzioni nei suoi confronti:** vuole conquistarla, sedurla.

CAPITOLO 1

"E come?" mi domanda Mino.
"Come? Vedremo."
"Eh... ma..." dice allora Mino. "Tu dici che devo sposarla?"
"Non dico niente, io. Se è davvero buona, saggia e virtuosa non vuoi sposarla?"
"Io certo!" risponde Mino. "Ma... mio padre?"
"È un problema di soldi, vero? Romilda non ha **dote**[13]. Ma tuo padre è ricco, e ha solo te: ti può dunque accontentare. Se non riesci a convincerlo allora **fuggi**[14] con lei. Io intanto continuo a frequentare la casa e le parlo bene di te."

Vi potete chiedere a questo punto che cosa volevo. Volevo solo aiutare Mino, dare un dispiacere a Batta Malagna o aiutare Romilda? Non lo so esattamente. So solo che Romilda non si è innamorata di Mino ma di me, anche se io le parlavo sempre di lui. Forse perché ero divertente e **spiritoso**[15].
Alle mie **battute**[16] rideva perfino la vedova Pescatore!
Del resto anch'io mi ero innamorato di Romilda, di quegli occhi belli, di quel nasino e di quella bocca.
E così un giorno Romilda mi bacia con passione e mi dice una cosa che non mi aspetto (ma forse dovrei): "Sono incinta, Mattia. Sposami, ti prego".

---

13) **dote:** denaro o beni che il padre della sposa dava al marito prima del matrimonio.
14) **fuggire:** scappare.
15) **spiritoso:** divertente, che fa ridere.
16) **battuta:** storia divertente, spiritosa.

Comprensione

1) Completa le seguenti frasi con l'aggettivo corretto.

grande • insensibile • disonesto • enorme • divertente
• forte • corte • robusto • brava • bello • brutta • ricca

1. Il fratello di Mattia, Roberto è più .... di lui di due anni.
2. La madre non è .... negli affari.
3. Batta Malagna è un uomo ....
4. La zia Scolastica ha un carattere ....
5. Mattia a diciotto anni è ...., mentre Berto è un ragazzo molto ....
6. La pancia di Batta Malagna è .... e le gambe sono ....
7. La moglie di Batta Malagna era più .... di lui.
8. La vedova Pescatore è .... e ....
9. Quando va a trovare Romilda Mattia è spiritoso e ....

2) Completa le seguenti frasi.

1. Il padre di Mattia è morto per una ....
2. Lui era molto bravo nel .... per questo è diventato molto ....
3. I soldi guadagnati li ha investiti, comprando .... e costruendo ....
4. Mattia, il fratello Berto e la madre vivono solo in tre ....
5. La zia Scolastica è una .... del padre di Mattia e ha una brutta .... degli uomini.
6. Mattia e Berto non si vogliono occupare degli .... di famiglia e non vogliono studiare.

7. Mattia ha un .... storto e per questo motivo deve portare gli occhiali.
8. Oliva è la .... di Pietro Salvoni, un fattore.
9. Batta Malagna vuole avere dei ...., ma nei primi tre .... di matrimonio Oliva non riesce ad averne.
10. Mino, il figlio del cavalier Gerolamo Pomino e amico di Mattia, cerca .... e si è innamorato di Romilda, ma Romilda non ha .... e questo è un problema per il padre di Mino.
11. Mattia frequenta spesso la figlia della .... Pescatore e si innamora di lei.
12. Romilda ha dei begli .... e un piccolo ....

Vocabolario

1) Indica quali di queste espressioni appartengono all'ambito dell'amore.

1. ☐ essere innamorato
2. ☐ baciare
3. ☐ insegnare
4. ☐ passione
5. ☐ moglie
6. ☐ contadino
7. ☐ salvare
8. ☐ sposare
9. ☐ lanciare
10. ☐ affetto
11. ☐ cuore
12. ☐ fegato
13. ☐ abbraccio

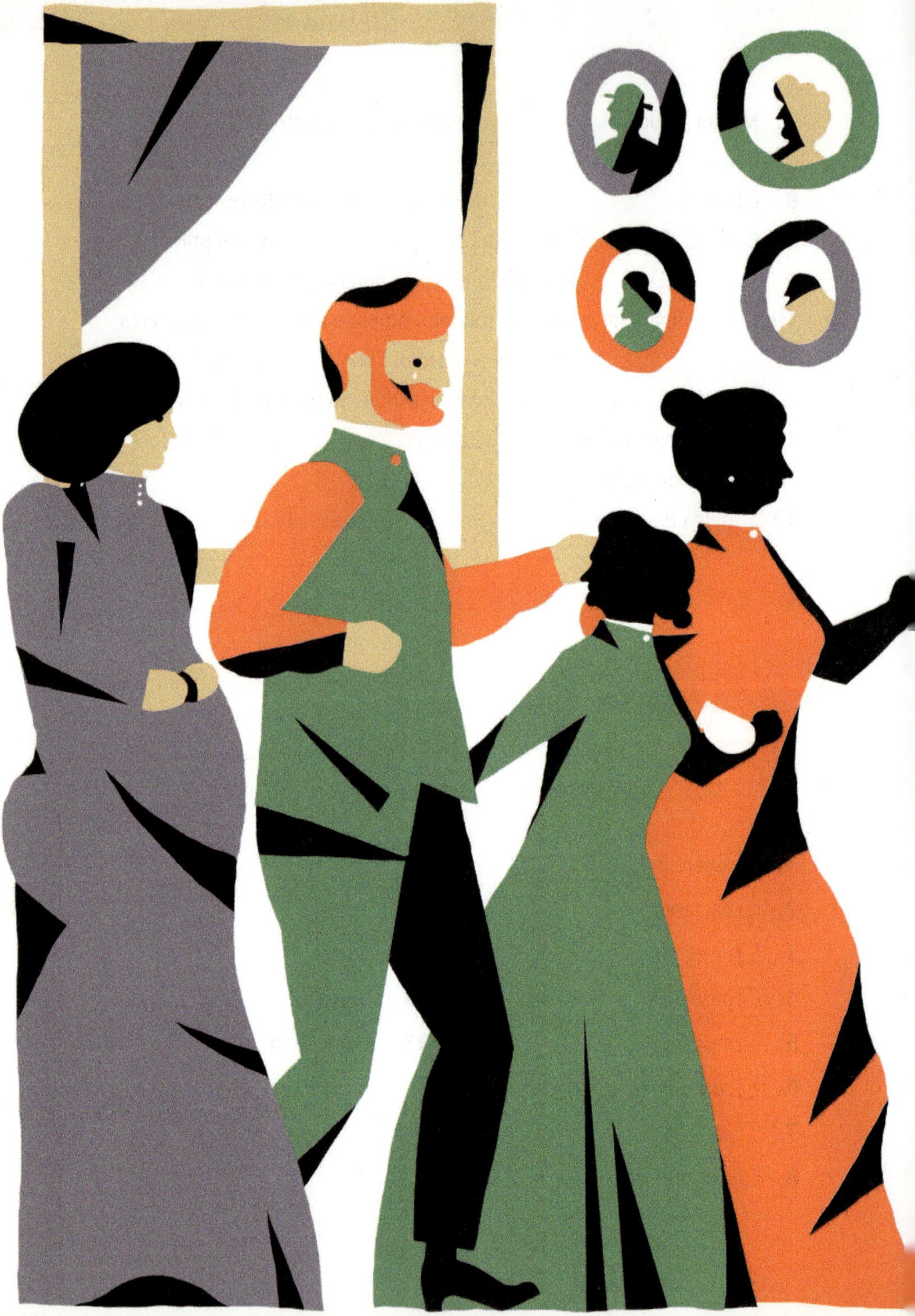

Capitolo 2
Il matrimonio

TRACCIA 4

Ho sposato Romilda, ma la madre, vedova Pescatore, era assolutamente contraria al nostro matrimonio. Da quel momento diventa la mia più grande nemica e mi dice tutto il tempo **cattiverie**[1].
"**Ti sei infilato**[2] in casa mia come un ladro per rubarmi la figlia. Hai rovinato lei e la nostra famiglia..."
Intanto anche Oliva, la moglie di Malagna, aspetta un figlio.
So che Romilda è gelosa di quel bambino perché nasce ricco. Invece il nostro nasce povero e in mezzo ai **litigi**[3].
Proprio in questo periodo tutti i nostri affari **vanno in malora**[4].
È il fallimento. Così mia madre viene a vivere con noi, in casa della vedova Pescatore.
Intanto io cerco un lavoro, ma non trovo niente. E che cosa

---

1) **cattiveria:** parola cattiva, insulto.
2) **infilarsi:** entrare, introdursi, mettersi.
3) **litigio:** lite, discussione.
4) **andare in malora:** andare male, in rovina.

potrei trovare? Non so fare niente niente. Ma vorrei tanto lavorare per migliorare la situazione. Per mia moglie e soprattutto per mia madre.
La presenza di mia madre, mite e dolce, in casa con quella strega di mia suocera mi fa male al cuore.
"Stai bene, mamma?" le chiedo spesso.
E lei mi risponde: "Bene, non vedi? Va' da tua moglie.
Ha bisogno di te, poverina".

Siamo sempre più poveri e io non so che cosa fare. Abbiamo venduto tutte le cose più preziose. Ma la vedova Pescatore diventa ogni giorno sempre più cattiva e ci dice: "Non pensate di vivere sulla mia pensione di quarantadue **lire**[5] al mese!".
Un giorno viene a trovarci Margherita. Era una delle serve che lavorava a casa nostra quando eravamo ricchi.
"Vieni a vivere con me" dice a mia mamma. "Ho due piccole camere pulite che guardano il mare! Con terrazzi pieni di fiori! Vieni via da questa casa dove si litiga sempre!"
La vedova Pescatore, che ha sentito, grida arrabbiatissima:
"Fuori, fuori tutti da casa mia!".
Anch'io mi arrabbio e le rispondo gridando. La mamma chiede a Margherita di andarsene. "Non posso lasciare mio figlio" dice.
Due giorni dopo, mandata da Margherita, viene **come una furia**[6] zia Scolastica per portarsi via con sé la mamma. Questa volta la mamma non dice di no. Non si può dire di no a zia Scolastica.
E io? Io litigo con la vedova Pescatore, esco di casa e decido di non tornare fino a quando non trovo un lavoro per mantenere mia moglie.

---

5) lira: moneta italiana prima dell'arrivo dell'euro.
6) come una furia: con rabbia e fretta.

CAPITOLO 2

Quella sera, disperato più del solito, **vago**[7] per la città. Incontro per caso il mio amico Mino e gli chiedo: "Sei arrabbiato con me?".
"Certo che sì" risponde lui.
"Non devi esserlo. Anzi devi ringraziarmi. Non sai che cosa significa vivere con quella strega!" gli dico. "È terribile."
"Te lo meriti" sorride lui "ladro di fidanzate!"
"Ma perché non hai sposato tu Romilda? Perché sei stato così timido?" gli chiedo. "E che cosa fai adesso da solo?"
"Mi annoio, mi annoio mortalmente!" mi risponde.
"Se vuoi compagnia, sono a tua disposizione, anche per tutta la notte. Ma non ho un soldo."
Allora Mino, da vero amico, mi offre un po' del suo denaro.
Ma io gli rispondo: "Grazie Mino, ma io ho bisogno di un lavoro vero".
"Aspetta!" esclama allora Mino. "Sai che mio padre adesso lavora al municipio?"
"No. Non lo sapevo."
"È **assessore comunale**[8] per la pubblica istruzione. Ieri sera, a cena, parlava della biblioteca. È ridotta malissimo. Cercano un nuovo bibliotecario perché quello che c'è adesso è troppo vecchio."
"Bibliotecario?" esclamo io. "Ma io..."
"Sai leggere?"
"Certo che so leggere."
"Allora perché no?" osserva Mino.
Così, quattro giorni dopo, divento bibliotecario. Sessanta lire al mese: sono più ricco della vedova Pescatore! La biblioteca è nella chiesetta di Santa Maria Liberale. Mi annoio fra tutti questi libri

---

7) **vagare**: andare in giro senza meta, senza destinazione.
8) **assessore comunale**: carica politica cittadina.

e per passare il tempo leggo e... do la
caccia ai topi.
Un giorno vengono a dirmi che mia moglie ha
le **doglie**⁹. Corro subito da lei. Appena arrivato
alla porta di casa, mia suocera mi dice: "Un
medico! Corri a cercarlo. Romilda muore".
Mentre corro continuo a gridare: "Un medico! Un medico!".
E la gente si ferma per chiedermi: "Che cosa succede?".
Io non rispondo e continuo a cercare un medico, ma non riesco
a trovarlo. Quando torno a casa, stanco, il medico è già là.
La prima bambina è già nata e poco dopo nasce la seconda.
Purtroppo, pochi giorni dopo, una delle due muore. E quasi
un anno dopo, quando ormai mi ero affezionato a lei, muore
anche la seconda. E nello stesso giorno muore anche la mia
cara mamma. Il dolore che **provo**¹⁰ è così forte che penso di
impazzire. Tre giorni dopo mio fratello mi manda cinquecento
lire per dare degna **sepoltura**¹¹ alla mamma. Ma ci ha già
pensato zia Scolastica.
Così quelle cinquecento lire le infilo tra le pagine di un libraccio
della biblioteca. Questi soldi diventeranno il motivo della mia
prima morte.

---

9) doglie: dolori della donna quando sta per partorire.
10) provare: sentire, avvertire.
11) sepoltura: funerale.

Comprensione

1) Indica se le seguenti frasi sono vere (V) o false (F).

		V	F
1.	La vedova Pescatore è contraria al matrimonio tra Mattia e sua figlia Romilda.	☐	☐
2.	Oliva, la moglie di Malagna, aspetta un figlio.	☐	☐
3.	Mattia e sua madre vanno a vivere dal cavalier Pomino.	☐	☐
4.	La madre di Mattia va a vivere da zia Scolastica.	☐	☐
5.	Mino è felice per il matrimonio di Mattia.	☐	☐
6.	Mino si diverte molto da solo.	☐	☐
7.	Mattia diventa bibliotecario.	☐	☐
8.	Romilda è incinta.	☐	☐
9.	Mattia diventa padre di due bambine.	☐	☐
10.	Mattia riceve mille lire dal fratello.	☐	☐

2) Associa i personaggi al loro ruolo nel racconto.

1. ☐ Oliva
2. ☐ Mino
3. ☐ Margherita
4. ☐ Romilda
5. ☐ Batta Malagna
6. ☐ Scolastica
7. ☐ Berto
8. ☐ vedova Pescatore
9. ☐ cavalier Gerolamo Pomino
10. ☐ don Eligio Pellegrinotto

a. nipote di Batta Malagna
b. assessore comunale
c. cugina di Batta Malagna
d. gestisce i beni dei Pascal
e. figlia di un fattore
f. figlio del cavalier Gerolamo Pomino
g. prete, amico di Mattia, riordina la biblioteca
h. serva di casa Pascal
i. fratello di Mattia
l. zia di Mattia

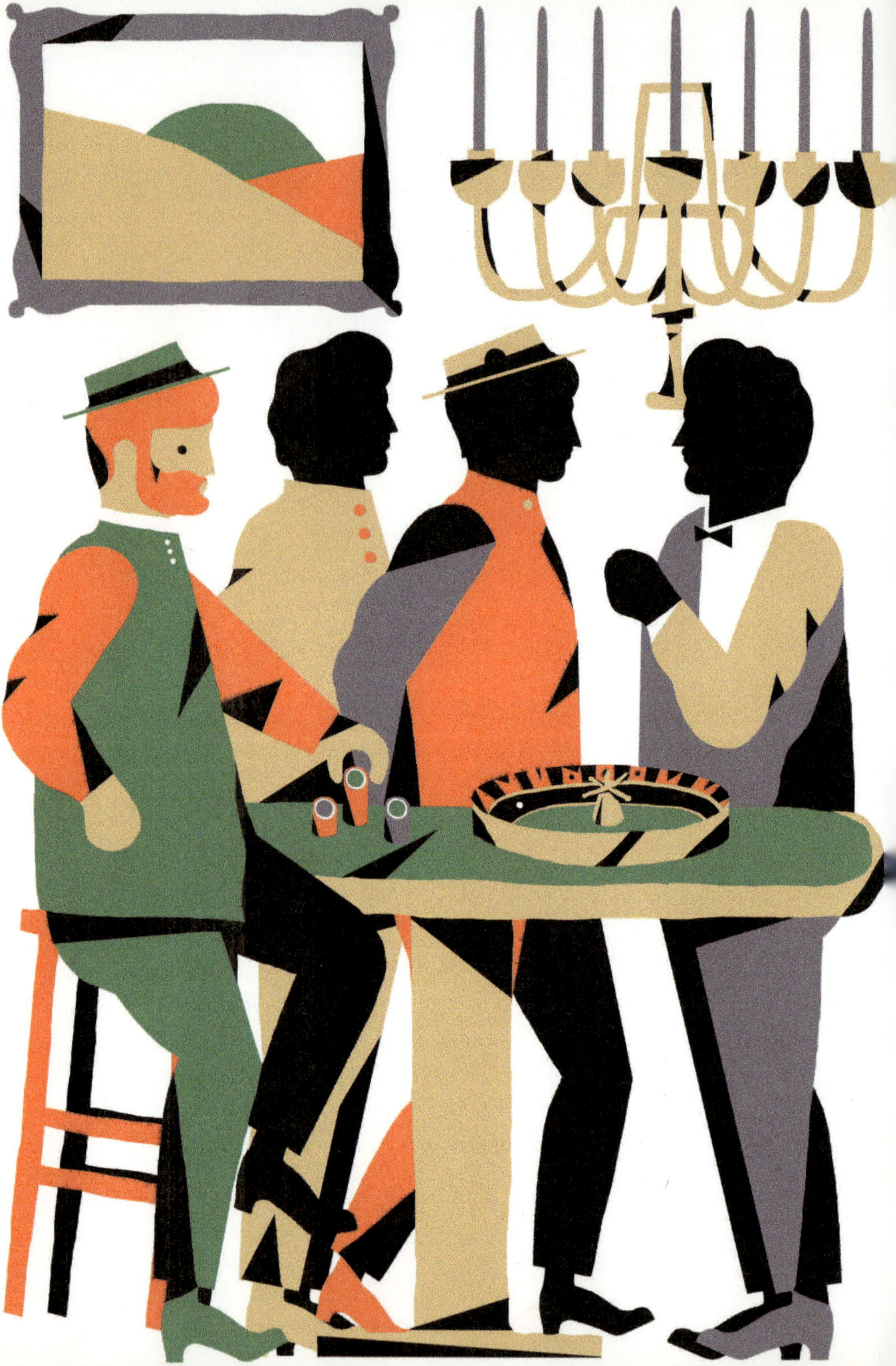

Capitolo 3
Il casinò

TRACCIA 5

Dopo uno dei soliti litigi con mia suocera e mia moglie, me ne vado dal paese. Sono a piedi e ho solo cinquecento lire in tasca. Sono le cinquecento lire che mi ha spedito mio fratello Berto per il funerale della mamma.
Mentre cammino penso di scappare. Allora prendo il treno diretto in Francia con l'intenzione di andare a Marsiglia. Invece scendo a Nizza. Girando per la città vedo un'insegna: DÉPÔT DE ROULETTES DE PRÉCISION. Guardo la vetrina della bottega. Sono esposti degli attrezzi: palline, roulette, fiches, **rastrelli**[1].
Li osservo con curiosità. Poi compro un libretto – *Metodo per guadagnare alla roulette* – che mi fa venire voglia di giocare i miei soldi al casinò. Così prendo il treno per Montecarlo.

È la prima volta che entro in un casinò. La sala è piena di giocatori. Ad alcuni di loro la passione del gioco

---

1) **rastrello**: qui si intende lo strumento per tirare le fiches.

ha sconvolto² il cervello: studiano il **calcolo delle probabilità**³ e pensano seriamente di poter vincere.
"Ah, il 12! Il 12!" mi dice un signore di Lugano. "Il 12 è il re dei numeri ed è il mio numero! Non mi tradisce mai!"

Io provo a giocare pochi soldi puntando sul venticinque e vinco subito.
Le puntate seguenti vanno male, poi, **seguendo l'ispirazione**⁴, comincio a scegliere i numeri giusti. Il mio gioco è molto rischioso, ma io sono fortunatissimo. Così anche gli altri giocatori puntano come me.
Verso la fine della serata l'uomo vicino a me, uno spagnolo basso e con la barba, mi dice: "Sono le undici e un quarto. Continuiamo a giocare e **facciamo saltare il banco**⁵!".
Ma io sono stanco e gli rispondo: "No, basta! Non ne posso più".
Esco dal casinò, ma lui mi segue. Sale con me sul treno di ritorno a Nizza e viene a cena con me.
"Sono a Nizza da una settimana" mi dice "e ogni mattina vado a Montecarlo, ma fino a questa sera ho perso sempre. Come fa Lei a vincere? Ha qualche regola **infallibile**⁶?"
Mi metto a ridere e gli rispondo: "Fino a questa mattina non avevo mai visto una roulette. Ho solo avuto fortuna!".
"Allora giochiamo insieme" propone lui.

---

2) **sconvolgere**: far impazzire.
3) **calcolo delle probabilità**: qui si intende il calcolo delle possibilità per cui la pallina può finire sul numero desiderato.
4) **seguire l'ispirazione**: affidare la propria fortuna all'istinto, all'intuizione.
5) **far saltare il banco**: vincere alla roulette il massimo che il croupier è in grado di pagare.
6) **infallibile**: sicuro, certo, preciso.

CAPITOLO 3

"In questo caso perderemo, perché la fortuna non si comanda" gli dico.
"Allora va bene, giocherò da solo, ma non credo alle Sue parole" replica lo spagnolo.
Allora io, arrabbiato e offeso, pago il mio conto ed esco.
Trovo un albergo dove passare la notte e conto i soldi: ho vinto circa undicimila lire! Sembra una grande somma, ma è ben poco rispetto a quanto la mia famiglia ha avuto in passato.
Penso: "Che farò domani? Torno a Montecarlo a rischiare tutto o vado a casa con i soldi vinti? Oppure non torno proprio più a casa e parto per l'America?".
Decido di tornare a Montecarlo.

Il giorno dopo e per altri dodici giorni di fila sono al casinò. Vinco continuamente senza più **stupirmi**[7] della mia fortuna. Mi fermo solo il dodicesimo giorno perché quel signore di Lugano, innamorato del numero 12, mi dice una cosa che mi sconvolge: un uomo si è appena ucciso nel giardino. Penso subito allo spagnolo e mi sento in colpa perché dopo la nostra discussione io lo evitavo.
"Sì, deve essere lui" mi dico. Invece è un giovane pallido che si è sparato in testa con una **rivoltella**. "È questo che il gioco fa alle persone" mi dico. Me ne vado e ritorno a Nizza quel giorno stesso con circa ottantaduemila lire in tasca.

Mentre sono sul treno per tornare a casa penso a quello che farò: "**Riscatto**[8] la *Stìa*, e mi ritiro in campagna a fare il

---

7) **stupirsi**: meravigliarsi, sorprendersi.
8) **riscattare**: ricomprare.

mugnaio." Ma poi mi dico: "Devo stare attento, non sono mai stato capace di **amministrare**[9] i nostri averi. Forse è meglio mandare mia suocera a lavorare al mulino. E io rimango bibliotecario, tranquillo, alla chiesetta".
Mi immagino la scena di mia suocera e di mia moglie quando mi rivedono dopo tredici giorni dalla mia misteriosa scomparsa.
La vedova Pescatore che dice: "Che sei tornato a fare? Hai perso anche il lavoro! Sei proprio **un fannullone e un buono a nulla**[10]".
E io zitto! A un certo punto, faccio uscire dalla tasca il portafogli e mi metto a contare sul tavolino i miei biglietti da mille lire.
"Dove li hai rubati?" chiedono le donne. Io non rispondo, rimetto i soldi in tasca e mi alzo.
"Non mi volete più in casa?" dico a un certo punto. "Allora, tante grazie! Me ne vado."
Mentre fantastico queste cose in treno, rido.

Alla prima stazione italiana compro un giornale per rilassarmi. Tra le tante notizie trovo in seconda pagina un titolo in grassetto: SUICIDIO A MIRAGNO. Leggo l'articolo: "Ieri, sabato 28, è stato trovato dentro un mulino un cadavere in stato d'**avanzata putrefazione**[11]. Il mulino si trova in un podere, detto della *Stìa*, a circa due chilometri dalla nostra cittadina. Il cadavere è stato riconosciuto per quello di... MATTIA PASCAL, scomparso da parecchi giorni. Causa del suicidio: problemi finanziari".
Incredulo[12] rileggo diverse volte quelle parole. Mi chiedo:

---

9) **amministrare**: gestire beni o denaro.
10) **un fannullone e un buono a nulla**: persona che non ha voglia di fare nulla.
11) **avanzata putrefazione**: decomposto, molto marcio.
12) **incredulo**: che non riesce a credere a ciò che legge, vede o sente, dubbioso.

CAPITOLO 3

"Come mi hanno riconosciuto? Era un altro uguale a me? Ma io sono vivo!".
Arrivo a un'altra stazione e scendo subito con le idee confuse.
Poi all'improvviso mi viene un'idea: è l'occasione per la libertà, per una vita nuova!
Ho con me ottantaduemila lire. Sono morto e non ho più né una moglie né una suocera, nessuno! Sono libero, libero, libero! Che cerco di più?
A un certo punto qualcuno grida: "Il treno riparte!".
"Ma lo lasci ripartire, caro signore!" gli grido io.
Però mi viene un dubbio: è vera quella notizia?
Corro a cercare il giornale di Miragno. Compro "Il Foglietto" e leggo queste righe scritte dal mio amico Lodoletta, il direttore del giornale:

MATTIA PASCAL

Non si avevano notizie di lui da diversi giorni: giorni di grande dolore per la famiglia. La scomparsa recente della madre e della figlia, dopo la perdita di tutti i suoi beni, aveva profondamente sconvolto l'animo del povero amico nostro.
Noi inviamo alla famiglia e al fratello Roberto, lontano da Miragno, le nostre più **sentite condoglianze**[13].

La lettura dell'articolo mi fa pensare. Il mio ritorno a casa non può far rivivere quel poveretto morto **annegato**[14] nel mulino. Di certo mia moglie e mia suocera non sono tristi e infelici per la mia scomparsa. Anzi... contente loro, contentissimo io!

---

13) **sentite condoglianze**: forte partecipazione al dolore della famiglia.
14) **annegare**: morire perché si ingoia acqua e non si riesce più a respirare.

Comprensione

1) Scegli l'alternativa corretta.

1. Dove va Mattia Pascal dopo uno dei soliti litigi in casa?
- a ☐ A Marsiglia.
- b ☐ A Nizza.
- c ☐ A Torino.

2. Che mezzo usa per muoversi?
- a ☐ Il treno.
- b ☐ L'auto.
- c ☐ La bicicletta.

3. Il casinò a Montecarlo
- a ☐ è vuoto.
- b ☐ è mezzo vuoto.
- c ☐ è pieno di gente.

4. Alcuni giocatori del casinò
- a ☐ sono seri e ben vestiti.
- b ☐ hanno il cervello sconvolto.
- c ☐ giocano per divertirsi.

5. Mattia inizia a vincere
- a ☐ e fa saltare il banco.
- b ☐ ma alla fine perde tutto.
- c ☐ ma dopo un po' si stanca ed esce dal casinò.

6. Il giorno dopo Mattia
- a ☐ torna a casa.
- b ☐ torna a Montecarlo, ma perde tutto.
- c ☐ torna a Montecarlo e continua a vincere.

7. Mattia viene a sapere della "sua morte"
- a ☐ dal discorso di due passeggeri sul treno.
- b ☐ dal giornale.
- c ☐ dai manifesti.

2) Completa la notizia della morte di Mattia.

famiglia • motivi • concittadino • podere • cadavere • mulino • fratello • averi • madre

Ieri hanno trovato un .... (1) dentro un .... (2) nella cittadina di Miragno. Il mulino si trova in un .... (3), la *Stìa*, che è a circa due chilometri dalla cittadina. Alcune persone lo hanno riconosciuto come Mattia Pascal. Il nostro .... (4) era scomparso da alcuni giorni.
Sembra che i .... (5) del suicidio siano da ricondurre a problemi finanziari e personali.
Infatti Mattia ha perso tutti i suoi .... (6) e ha anche visto la scomparsa di sua .... (7) e della cara figliola.
Inviamo alla .... (8) e al (9) .... Roberto le nostre condoglianze.

Vocabolario

1) Osserva il disegno e inserisci le parole corrette negli spazi.

giocatori • roulette • numero • pallina • fiche • puntare

La Liguria

La vicenda del romanzo *Il fu Mattia Pascal* si sviluppa in gran parte in una regione del Nord-Ovest dell'Italia, la Liguria.

La regione
La Liguria ha una forma stretta e lunga che la fa assomigliare a un braccio piegato tra il **Mar Ligure** a sud e le montagne delle **Alpi** e dell'**Appennino** a nord.

Il **capoluogo** della regione è **Genova**, il principale **porto commerciale** d'Italia e uno dei più importanti d'Europa. Nella zona del porto si trova la famosa **"Lanterna di Genova"**, il faro che è anche il simbolo della città.
Tutti i principali centri della Liguria sono collocati lungo la costa. La Riviera Ligure si affaccia sul Mar Ligure e si estende da Ventimiglia (al confine con la Francia) a Capo Corvo (in provincia di La Spezia). La riviera viene suddivisa in **Riviera di Ponente** (a ovest di Genova) e **Riviera di Levante** (a est di Genova).

Il porto di Genova con il faro, simbolo della città.

Bellezze e turismo

La Riviera di Levante ha spiagge con sabbia mista a sassi e in molte parti scogliere a picco sul mare. Nel punto più a est della riviera si trova il Golfo della città di La Spezia. È chiamato anche **Golfo dei Poeti** perché un tempo molti poeti frequentavano queste coste. La Riviera di Ponente ha belle spiagge sabbiose. Qui si trovano molte **località balneari famose**: Varazze, Finale Ligure, Loano, Alassio, Andora, Sanremo, Bordighera.

La Spezia. Golfo dei Poeti.

Di fronte alla costa ligure ci sono cinque isole: Gallinara e Bergeggi a ponente; Palmaria, Tino e Tinetto a levante.
Il **clima** della Liguria è **mite** non solo in estate, ma anche nelle altre stagioni. Per questo il **turismo** è una delle attività economiche più importanti di questa regione.

Le principali bellezze naturali della Liguria sono: a ovest la Riviera dei Fiori e la Riviera delle Palme, a est località famosissime come Portofino, Camogli, le **Cinque Terre** e Porto Venere. Nell'area sono presenti numerosi **parchi naturali** e due **riserve marine** a Portofino e nelle Cinque Terre.

Il borgo dei pescatori di Manarola, un paese delle Cinque Terre.

Economia

Oltre al turismo, una risorsa importante per la regione è l'**agricoltura** che è favorita dalle temperature miti. Ma a causa del tipo di territorio molto montuoso le coltivazioni sono limitate alla costa e a poche zone dell'entroterra.
Per questo è molto frequente vedere il **terrazzamento** come forma di coltivazione.
I principali prodotti agricoli sono: frutta, **olive**, **viti**, ma soprattutto **fiori**. La coltivazione di fiori è pari a circa la metà dell'intera produzione nazionale.
Ci sono, inoltre, importanti **centri produttivi industriali** soprattutto nel settore della meccanica e della cantieristica. Ma l'industria gioca oggi un ruolo meno importante rispetto al passato.

Le terrazze di Manarola coltivate a vite.

La cucina

Le ricette della cucina ligure sono legate alla **dieta mediterranea**. Molti dei piatti locali sono a base di **pesce** come il bagnùn, una zuppa con le acciughe originaria della zona di Sestri Levante. Molto usate per i condimenti sono anche le **erbe aromatiche**.
Tra i prodotti locali più importanti ci sono l'olio di oliva, il **pesto** (una salsa a base di basilico), le **trofie** (un

Un piatto di pasta condita con il pesto.

tipo di pasta locale) e la **focaccia.** Nel territorio di La Spezia c'è un'importante produzione di vino. Lo **sciachetrà** è il nome di un vino dolce della zona delle Cinque Terre.

1) Rispondi alle seguenti domande.

    1. Dove si trova la Liguria?

    2. Che forma ha?

    3. Qual è il capoluogo della regione?

    4. Dove si trovano tutti i suoi centri più importanti?

2) Indica se le seguenti frasi sono vere (V) o false (F).

	V	F
1. La Riviera di Levante ha spiagge con sabbia mista a sassi.	☐	☐
2. La Riviera di Ponente ha spiagge sabbiose.	☐	☐
3. Di fronte alla costa ligure ci sono tre isole.	☐	☐
4. Il clima della Liguria è continentale.	☐	☐
5. Una risorsa importante per l'economia ligure è l'agricoltura.	☐	☐
6. Il terrazzamento è una forma di commercio.	☐	☐
7. L'industria in Liguria gioca oggi un ruolo più importante che in passato.	☐	☐
8. Il pesto è una salsa.	☐	☐

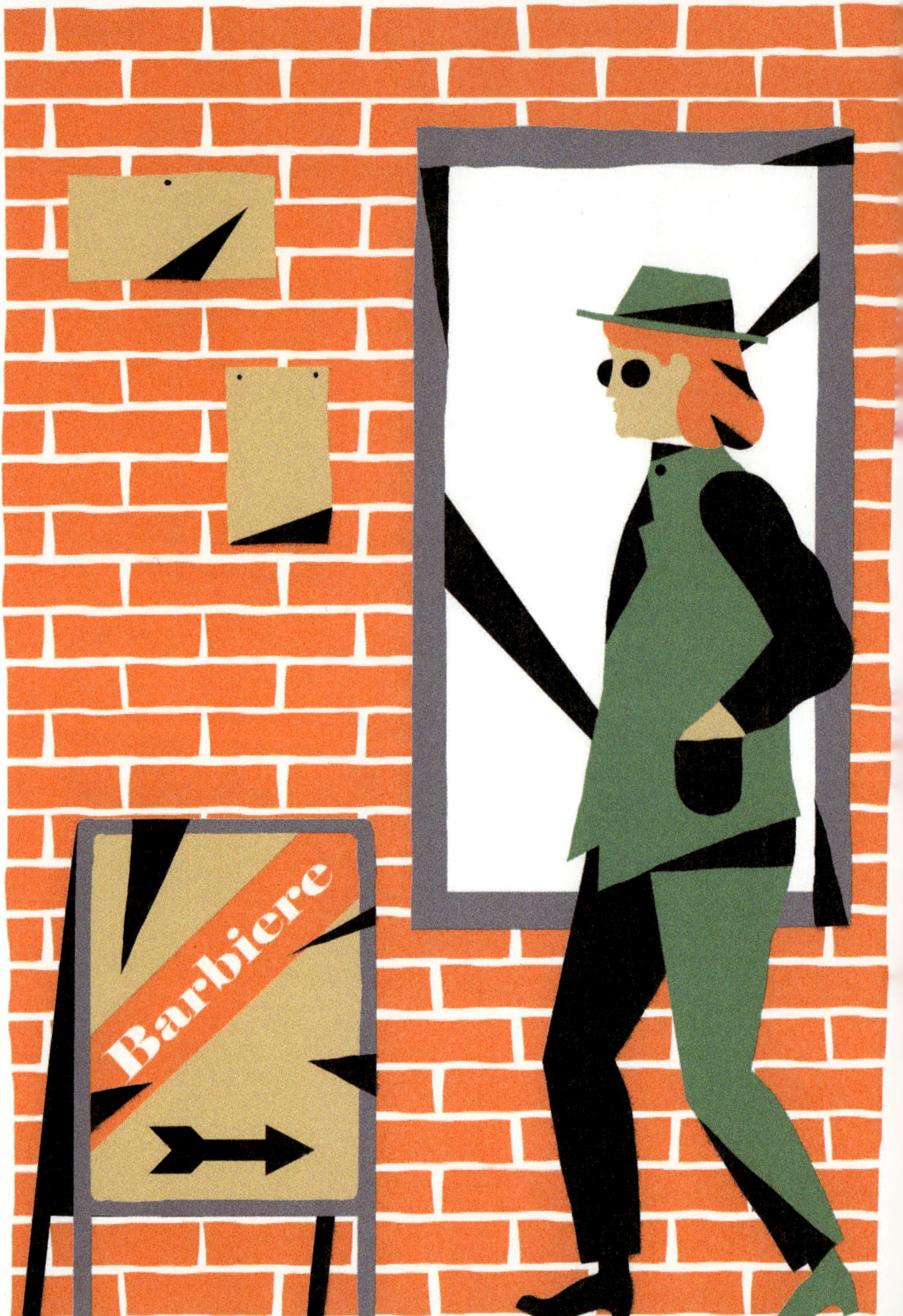
Barbiere

Capitolo 4
Un uomo nuovo

TRACCIA 6

Ho deciso: voglio diventare un altro uomo, un uomo nuovo.
Vado dal barbiere per tagliare la barba. Il mio aspetto non mi piace: compro un paio di occhiali colorati per nascondere l'occhio storto e un cappello largo per coprire la fronte troppo ampia. Decido anche di farmi crescere i capelli. Prendo il treno, questa volta diretto a Torino. Penso: ora ho bisogno anche di un nuovo nome. Mentre ascolto la conversazione di due signori mi viene in mente: Adriano Meis. Mi invento un passato per questo nuovo me: sono figlio unico, di un certo Paolo Meis, nato in Argentina. Sono venuto in Italia quando ero molto piccolo. Avevo pochi mesi e non avevo nessun ricordo dei miei genitori. Sono cresciuto col nonno un po' **ovunque**[1] in Italia.
Ora sono solo! Padrone di me stesso! Posso andare dove mi piace. Continuo a viaggiare: prima in Italia e poi in Europa.

---

1) **ovunque**: dappertutto, in ogni luogo.

Con i soldi che ho posso viaggiare ancora per trent'anni; ma senza documenti non posso trovare un lavoro e quindi devo vivere con duecento lire al mese.

Passano così due anni, due anni di viaggi, ma anche di solitudine. A un certo punto comincio a sentirmi solo per la mancanza di una casa e di una famiglia. Decido di andare a Milano. È inverno.
Mi sento triste e così cerco di fare amicizia con qualcuno.
Al ristorante, che frequento **abitualmente**[2] da quando sono a Milano, incontro un piccolo uomo **calvo**[3] che si presenta: "Cavalier Tito Lenzi".
Io gli rispondo: "Adriano Meis".
Il cavaliere sa fare dei bei discorsi e io lo ascolto con attenzione. Ma a un certo punto mi chiede: "Lei non è di Milano, vero?".
"No." gli rispondo.
"Di passaggio?"
"Sì."
"Da dove proviene, se posso chiederglielo?"
"Dall'America!"
"Ah, La invidio! Ah, l'America... Ci sono stato. Ha parenti, laggiù?"
"No, nessuno..."
"Ah, dunque, è venuto in Italia con tutta la famiglia? Dove abita?"
"Mah, un po' qua, un po' là... Non ho famiglia, giro."
"Che piacere! **Beato Lei**[4]!"

---

2) **abitualmente**: molto spesso, quasi ogni giorno.
3) **calvo**: senza capelli, pelato.
4) **beato Lei**: Lei è fortunato.

CAPITOLO 4

"Lei dunque ha famiglia?" gli domando.
"No, purtroppo!" risponde. "Sono solo e sono stato sempre solo!"
"E dunque, come me!"
"Ma io mi annoio, caro signore!" mi dice l'ometto. "Mi annoio e mi sento solo. Mi sono stancato di girare. Ho tanti amici, però, a una certa età, è brutto tornare a casa e non trovare nessuno."
Cerco di consolarlo: "Ma Lei, è ancora in tempo, fortunatamente...".
E intanto penso: "Devo fare qualcosa per uscire da questa mia solitudine e tristezza".

E così vado a Roma, dove decido di prendere casa. Scelgo Roma perché è una città molto bella ed è grande. Qui posso fare il turista senza essere notato.
Trovo una sistemazione in via Ripetta, presso una famiglia. All'inizio non mi fa una buona impressione.
Sulla porta, al quarto piano, ci sono due **targhette**[5]: PALEARI a sinistra e PAPIANO a destra. Sotto la targhetta PAPIANO c'è un biglietto da visita. Sul biglietto si legge: SILVIA CAPORALE.
Viene ad aprirmi un vecchio sui sessant'anni in **mutande**[6], con ai piedi un paio di **ciabatte**[7] e **a torso nudo**[8].
"Oh, scusi!" esclama. "Credevo che fosse la serva... Adriana! Terenzio! Venite subito! C'è un signore. Che cosa desidera?"
"Affittate una camera ammobiliata in questa casa?"
"Sissignore. Ecco mia figlia!"
La figlia si chiama Adriana. È una signorina piccola, bionda e

---

5) **targhetta**: etichetta, cartellino.
6) **mutande**: indumento per coprire le parti intime, slip, boxer.
7) **ciabatte**: scarpe per la casa, pantofole.
8) **a torso nudo**: con il petto scoperto, senza maglietta.

pallida, con gli occhi azzurri, dolci e tristi ed è molto timida.
È lei che mi fa vedere la camera.
La stanza ha due grandi finestre affacciate sul fiume Tevere.
Da qui si ha una vista bellissima: si vedono Monte Mario, Ponte Margherita e tutto il nuovo quartiere dei Prati fino a Castel Sant'Angelo.
"Non affittate altre camere, vero?" domando ad Adriana.
"Ne affittiamo un'altra. Ma ora è occupata da una signorina che sta con noi da due anni: dà lezioni di pianoforte. In casa ci siamo io, il babbo e mio **cognato**[9]" mi spiega lei.
"Paleari?"
"No. Paleari è il babbo; mio cognato si chiama Terenzio Papiano. È spesso a Napoli per lavoro. Mia sorella, sua moglie, è morta da sei mesi. Terenzio ha anche un fratello, Scipione, che è **epilettico**[10]."
Decido di prendere la camera. Capisco subito che la casa è amministrata solo da Adriana e che il padre, Anselmo Paleari, ha ormai perso la **lucidità**[11]. Il signor Paleari mi racconta che tutta la sua vita è ora dedicata allo studio della filosofia.
"Negli ultimi tempi ho fatto anche degli **esperimenti spiritici**[12]" aggiunge. "Ho scoperto che la signorina Silvia Caporale, la maestra di pianoforte che vive qui, è in grado di parlare con gli spiriti."

La signorina Silvia Caporale è una donna di quarant'anni piuttosto brutta. Ha gli occhi nerissimi e un bel paio di baffi

---

9) **cognato**: marito della sorella.
10) **epilettico**: che ha l'epilessia, una malattia nervosa.
11) **lucidità**: capacità di vedere le cose che accadono in modo chiaro.
12) **esperimenti spiritici**: tentativi di parlare con i morti, con gli spiriti.

CAPITOLO 4

sotto un naso storto. È molto amica di Adriana. Dando lezioni di pianoforte guadagna giusto i soldi per pagare l'affitto della camera. Due anni prima, alla morte della madre, ha venduto la sua casa ed è venuta a vivere dai Paleari.

Passano i giorni e a poco a poco divento amico del signor Paleari. Ma più cresce la mia amicizia con il padrone di casa, più mi sento un **intruso**[13] in questa famiglia, con un nome falso e una storia finta.
Una sera, siamo sul terrazzo io, la signorina Caporale e Adriana.
"È vedovo Lei, signor Meis?" mi chiede la signorina Caporale. Sorpreso dalla domanda, rispondo: "Io no; perché?".
"Perché Lei si tocca sempre l'**anulare**[14], come a far girare un anello attorno al dito."
Io, in risposta, dico: "Ho tenuto per molto tempo, qui, un anellino. Però poi l'ho tolto perché mi faceva male".
"Povero anellino!" dice allora la Caporale ridendo. "Era forse il ricordo di un primo amore? Ci dica qualche cosa di Lei, signor Meis! Non ci racconta mai niente..."
Ma io non posso e non voglio raccontare niente. Perciò cambio discorso e poco dopo rientro in camera mia.

Tante altre volte la Caporale mi fa domande. Così comincio a parlare di me e della mia vita, ma solo degli ultimi due anni.
"Beato Lei" esclama la Caporale "che ha potuto viaggiare così tanto!"
Anche Adriana ascolta i miei racconti e ha capito che in realtà i miei discorsi sono rivolti solo a lei.

---

13) **intruso:** persona fuori dal suo ambiente naturale.
14) **anulare:** un dito delle mani, tra il medio e il mignolo.

Pochi giorni dopo di notte sento dei rumori. Vengono dal terrazzino accanto alla mia camera. Vado a vedere e nel buio mi sembra di vedere la signorina Caporale parlare con un uomo che non conosco. Capisco che si tratta di Terenzio Papiano.
Mi accorgo che parlano di me. Guardo la scena attraverso le **imposte**[15] chiuse.
"Ricco?" sta chiedendo lui.
E la Caporale: "Non so. Sembra. Certo, vive senza lavorare".
A un certo punto vedo che la Caporale mette una mano sulla

---

15) imposta: qui si intende uno sportello di legno che serve per chiudere le finestre, persiana.

spalla dell'uomo. Ma questi la respinge **sgarbatamente**[16].
"Chiamami Adriana!" le ordina.
"Dorme" risponde la Caporale.
E lui: "Va' a svegliarla! Subito!".
Poco dopo arriva Adriana e Papiano dice alla signorina Caporale:
"Lei vada a letto! Mi lasci parlare con mia cognata".
Poi dice ad Adriana: "Devo parlarti!".
La afferra con forza per un braccio e la tira verso di sé. Allora infuriato apro le imposte della mia stanza. Adriana mi vede ed

---

16) sgarbatamente: in modo maleducato, scortese.

esclama: "Oh, signor Meis! Venga da noi qui sul terrazzino".
Corro verso il terrazzino.
"Terenzio, ti presento il signor Meis" dice Adriana. "Signor Meis, mio cognato Terenzio Papiano, appena arrivato da Napoli."
"Felicissimo! Fortunatissimo!" esclama lui. "Se Le manca qualche cosa mi dica pure!"
"Grazie, grazie" dico io. "Non mi manca proprio niente. Grazie."
Vorrei tornare nella mia camera e rimettermi a letto, ma lui comincia a parlare. Mi racconta del suo lavoro.
"Conosco bene il marchese Giglio d'Auletta. Gli faccio da segretario. Purtroppo" conclude Papiano "è **borbonico**[17] e **clericale**[18]. È un dispiacere per me."
Finalmente smette di parlare. Adriana è rimasta lì solo perché non vuole lasciarmi da solo con lui. Alza gli occhi verso di me, ma li riabbassa subito per timidezza. Infine, prima che torniamo tutti nelle nostre camere, mi stringe la mano con passione.
Tutta la notte rimango sveglio a pensare: "Se resta in casa lui, non posso restare io. Ma l'idea di andare via mi fa star male.
Se me ne vado non vedo più Adriana, la tenera Adriana".

---

17) borbonico: che appoggia la famiglia dei Borbone che governava il Sud Italia.
18) clericale: relativo al potere della Chiesa come Stato nazionale.

Comprensione

1) Indica se le seguenti frasi sono vere (V) o false (F).

		V	F
1.	Mattia va dal barbiere.	☐	☐
2.	Decide di cambiare nome.	☐	☐
3.	Per due anni viaggia in Italia e in Europa.	☐	☐
4.	Decide di andare a Milano, dove passa un'estate felice.	☐	☐
5.	A Milano trova un lavoro come giornalista.	☐	☐
6.	A Roma si stabilisce in un albergo.	☐	☐
7.	In casa Paleari ci sono solo uomini.	☐	☐
8.	Terenzio Papiano è epilettico.	☐	☐
9.	Terenzio Papiano è vedovo.	☐	☐
10.	Terenzio Papiano è molto simpatico ad Adriano Meis.	☐	☐

2) Rispondi alle seguenti domande.

1. Quali sono gli oggetti che usa Mattia per cambiare aspetto?
2. Quali sono le origini di Adriano Meis?
3. Che cosa confessa il cavalier Tito Lenzi ad Adriano Meis?
4. Perché Adriano sceglie di andare ad abitare a Roma?
5. Chi amministra casa Papiano?
6. Chi abita nell'altra camera di casa Papiano?
7. Dove va spesso Terenzio Papiano per lavoro?
8. Per chi lavora Terenzio? E qual è il suo incarico?

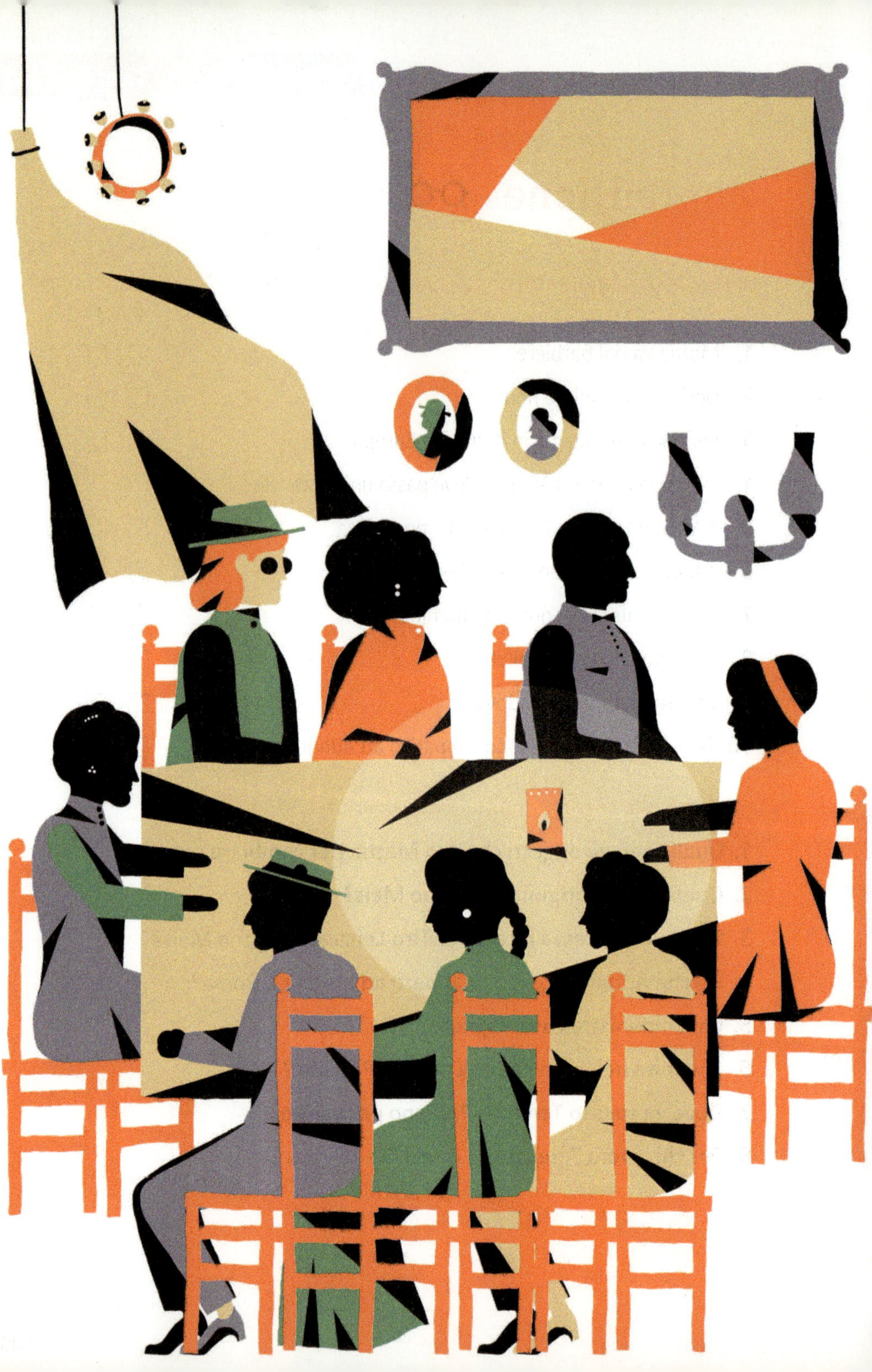

Capitolo 5
La seduta spiritica

TRACCIA 7

Purtroppo Terenzio Papiano si accorge subito che non sono sincero. Da parte mia capisco che lui cerca di rendersi simpatico ai miei occhi, ma che mi considera solo un **ostacolo**[1] ai suoi **piani**[2].
Una sera vedo la signorina Caporale sul terrazzo.
Sta piangendo. All'inizio non vuole dirmi niente.
Poi, all'improvviso, si volta a guardarmi e mi domanda: "Lei è mio amico?".
"Se me lo permette..." le rispondo.
"Grazie. Ho un gran bisogno di un amico in questo momento!"
E poi aggiunge: "Donna, brutta e vecchia, tre disgrazie! Perché vivo io?".
"Si calmi, via. Perché dice così, signorina?"
"Niente... scusi, signor Meis! Che aiuto può darmi Lei? Nessuno.

---

1) **ostacolo**: difficoltà, impedimento.
2) **piano**: progetto, programma.

Al massimo parole. Sono **orfana**[3] e devo stare in questa casa, ma mi trattano come una.... E non ne hanno il diritto, sa! Io ho dato loro dei soldi."

A questo punto la signorina Caporale spiega: "Due anni fa ho dato circa seimila lire a Terenzio Papiano per un affare che lui mi ha proposto. L'affare non so se lo ha concluso. Comunque io non ho più visto quei soldi. E non solo non mi ha più ridato il denaro, adesso vuole anche che io lo aiuti."

"In che cosa?"

"Con Adriana!"

"Adri... la... la signorina Adriana?"

"Devo convincerla io!"

"A sposarlo?"

"Certo. Sa perché? Ha quattordici o quindicimila lire di dote."

"Ma di che cosa ha paura la signorina Adriana? Perché non si ribella?"

La Caporale nota la mia **eccitazione**[4] e mi dice: "E perché allora non prova a ribellarsi Lei per primo?".

"Ma che c'entro io?" rispondo. "Io posso ribellarmi in una sola maniera: andandomene."

"Ebbene" conclude la signorina Caporale "forse proprio questo non vuole Adriana!"

Una sera sul terrazzino Papiano comincia a parlarmi della nipote del marchese per cui lavora, una certa Pepita Pantogada. La figlia del marchese Giglio d'Auletta aveva

---

3) orfano: senza padre né madre.
4) eccitazione: sentimento che fa agitare.

sposato Antonio Pantogada che – pensate un po' – è proprio lo spagnolo che ho incontrato al casinò di Montecarlo, quando ero ancora Mattia Pascal. La figlia del marchese è morta giovane e ha lasciato sola la figlia Pepita. Papiano mi racconta a lungo della ragazza, ma io mi stanco a sentire parlare di una persona che neanche conosco. E poi ho paura che scoprano il mio segreto. Se lo spagnolo mi incontra qui a Roma e mi riconosce? Ho cambiato il mio aspetto, ma ho ancora l'occhio storto del vecchio Mattia.
E così un giorno dico alla signorina Caporale: "Oh sa, signorina? Ho quasi deciso di seguire il Suo consiglio".
"Quale?" mi domanda lei.
"Di farmi operare da un oculista."
La Caporale batte le mani, tutta contenta.
"Ah, benissimo! Il dottor Ambrosini è il più bravo: ha fatto l'operazione alla mia povera mamma."
"Ne ho davvero bisogno. Da un po' di tempo l'occhio mi fa male e non voglio perderlo."
Pochi giorni dopo entro in ospedale.
L'operazione riesce benissimo: solo che l'occhio rimane un pochino più grosso dell'altro e devo stare quaranta giorni al buio. Questo periodo per me è una grande sofferenza.
Finalmente mi tolgono le **bende**[5]. Io vorrei stare più tempo con Adriana, invece ho sempre Papiano intorno. Mi parla ogni sera di Pepita, la nipote del marchese d'Auletta.
È convinto che io sia ricco e vuole farmi innamorare di questa ragazza.

---

5) **benda**: fascia usata per coprire una parte del corpo ferita.

"È davvero una giovane da sposare" mi dice. "È saggia, intelligente, vivace, bella e con una dote enorme!"
Io so che cerca di farmi sposare Pepita non perché vuole il mio bene, ma per un'altra ragione: mi vuole allontanare da quella casa per derubare Paleari e rovinare Adriana.

Pochi giorni dopo Papiano convince Pepita a partecipare a una delle sedute spiritiche che si fanno in casa Paleari.
Ma in realtà quelle sedute sono solo un trucco per ingannare il povero signor Paleari.
Io chiedo ad Adriana: "Perché non partecipa anche Lei?".
"Ma io..." risponde Adriana "io non ci credo, ecco."
Capisco che le dispiace vedere lo spettacolo del padre ingannato da Papiano e dalla signorina Caporale, così non insisto.
Poi però ci ripensa. "Però... forse... domani sera soltanto... Se partecipa Lei, parteciperò anch'io."

Così il giorno dopo Papiano viene a preparare la mia camera per la seduta: mette un tavolino, appende un lenzuolo a una **fune**[6], poi un **collare**[7] da cane con molti **campanelli**[8], un lanternino con una candela dentro e altri oggetti.
Papiano intanto mi spiega: "La signorina Silvia comunica con lo spirito di un suo vecchio compagno d'Accademia, morto a

---

6) **fune**: corda.
7) **collare**: anello da mettere intorno al collo di cani, gatti o altri animali.
8) **campanello**: oggetto che muovendolo fa rumore, suona.

diciott'anni. Un genio della musica che però se ne è andato troppo presto. Si chiamava Max..., Max Oliz, se non sbaglio. Beh, ora vado a prendere la signorina Pantogada."
Ritorna dopo circa mezz'ora, molto arrabbiato: insieme con la Pantogada e la governante Candida è venuto un certo pittore spagnolo; si chiama Manuel Bernaldez e parla correttamente l'italiano.
Papiano assegna a ognuno dei partecipanti un posto intorno al tavolino e dice: "Dobbiamo spiegare innanzi tutto al signor Meis, alla signorina Pantogada e alla signora Candida il linguaggio che usiamo".
"Ecco" spiega Anselmo Paleari. "Due colpi vogliono dire sì."
"Colpi?" interrompe Pepita. "Che colpi?"
"Colpi" risponde Papiano "sul tavolino o sulle sedie."
"Dunque" riprende il signor Anselmo "due colpi, sì; tre colpi, no; quattro, buio; cinque, parlate; sei, luce. E ora concentriamoci, signori miei!"
A un certo punto la Caporale si mette a parlare.
"La catena" dice "dobbiamo cambiare le nostre posizioni."
"Abbiamo già Max?" domanda il signor Anselmo.
"Sì" risponde la Caporale. "Ma siamo in troppi, questa sera bisogna cambiare la **disposizione**[9] delle persone nella catena."
Così io mi trovo a fianco di Adriana. Le stringo forte la mano e nello stesso tempo la signorina Caporale mi stringe l'altra mano, come per domandarmi: "È contento così?".
"Ma certo!" le rispondo io con un'altra stretta, che significa anche: "E ora fate pure, fate pure **quel che vi pare**[10]."

---

9) **disposizione**: ordine, posizione di persone o cose.
10) **quel che vi pare**: quello che volete, che preferite.

Mentre la conversazione con lo spirito continua, io tengo la manina di Adriana e la accarezzo. Io e lei ci parliamo dolcemente con le mani.
All'improvviso sento alle mie spalle un rumore: qualcuno si è alzato dalla sedia.

CAPITOLO 5

Il tavolino **scricchiola**[11], si muove, **striscia**[12] e fa altri rumori; strane luci si accendono.

È lo spirito di Max? Certamente no. Io so bene che è Scipione, il fratello epilettico di Papiano. Io lo so, tutti lo sanno tranne il signor Anselmo. Questi è pieno di gioia perché pensa che la seduta sia riuscita. Io sono triste per lui, per come queste persone lo **prendono in giro**[13]. Ma intanto continuo il mio discorso con le mani di Adriana.

"No!" grida Pepita e qualche secondo dopo di nuovo: "No!". Qualcuno le ha dato un bel bacione sulla guancia. Sicuramente il suo amico pittore.

Io allora porto la mano di Adriana alla bocca; poi, non contento, cerco la bocca di lei e la bacio a lungo.

La luce si accende. All'improvviso si sente un pugno fortissimo che batte sul tavolino. Ma chi è?

"Scipione! Scipione!" grida Terenzio.

A un tratto il tavolino si solleva da terra. Nessuno però lo ha toccato. Neppure Scipione che è caduto a terra.

Ma chi è stato? Penso: "Forse lo spirito del poveretto che è morto nel mulino della *Stìa*?".

Scipione ha un attacco di epilessia. Tutti guardano stupiti il tavolino e Scipione che si agita a terra.

E così finisce la nostra seduta spiritica.

---

11) **scricchiolare**: fare un rumore simile a una rottura.
12) **strisciare**: muoversi come un verme, trascinarsi per terra.
13) **prendere in giro**: ridere di qualcuno; deridere qualcuno.

Comprensione

1) Scegli l'alternativa corretta.

1. Com'è la signorina Caporale?
a ☐ Giovane e bella.
b ☐ Brutta e vecchia.
c ☐ Una ragazza magra e delicata.

2. Chi vuole sposare Terenzio Papiano?
a ☐ Pepita Pantogada.
b ☐ Adriana.
c ☐ La signorina Caporale.

3. A quale parte del corpo decide di operarsi Adriano Meis?
a ☐ Alla gamba.
b ☐ Al braccio.
c ☐ All'occhio.

4. La signorina Caporale parla con uno spirito. Di chi è questo spirito?
a ☐ Di Max Oliz, un suo vecchio compagno di Accademia.
b ☐ Di sua madre che è morta da poco.
c ☐ Di un pittore spagnolo.

5. Come parlano con lo spirito le persone sedute intorno al tavolino?
a ☐ Con i colpi.
b ☐ Con le parole.
c ☐ Con il campanello.

6. Chi dà un bacio a Pepita Pantogada?
a ☐ Adriano Meis.
b ☐ Manuel Bernaldez.
c ☐ Terenzio Papiano.

7. Come finisce la seduta spiritica?
a ☐ Con un grido di Pepita.
b ☐ Con il tavolino che si rovescia e Scipione che entra nella stanza.
c ☐ Con il tavolino che si solleva e Scipione che cade a terra.

2) Associa i nuovi personaggi al loro ruolo nel racconto.

1. ☐ Adriano Meis
2. ☐ Cavalier Tito Lenzi
3. ☐ Silvia Caporale
4. ☐ Anselmo Paleari
5. ☐ Adriana Paleari
6. ☐ Terenzio Papiano
7. ☐ Scipione Papiano
8. ☐ Marchese Giglio d'Auletta
9. ☐ Pepita Pantogada
10. ☐ Candida
11. ☐ Manuel Bernaldez

a. pittore spagnolo, amico di Pepita
b. governante del marchese
c. figlia del signor Paleari
d. cognato di Adriana
e. inquilina di casa Paleari
f. amico di Adriano Meis
g. Mattia Pascal
h. fratello di Terenzio Papiano
i. capo di Terenzio Papiano
l. nipote del Marchese Giglio d'Auletta
m. padrone di casa

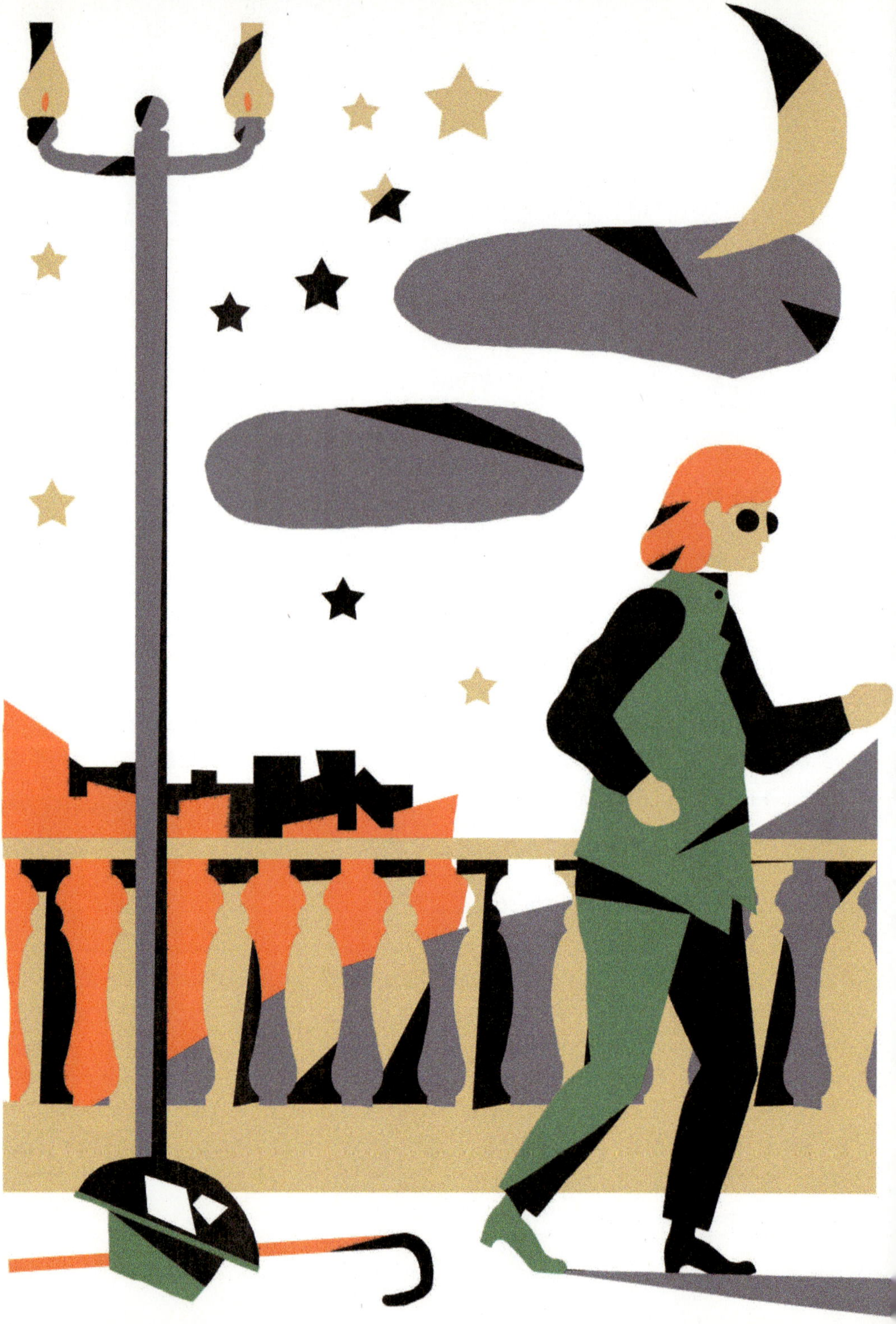

Capitolo 6
La crisi

TRACCIA 8

Rimango sveglio fino all'alba. Penso e rifletto sulla mia vita passata e attuale: all'uomo sepolto al mio posto a Miragno, ad Adriana, alla seduta spiritica.
È mattina presto. Due colpi alla porta della mia camera mi fanno **sobbalzare**[1]. È lei, Adriana. È venuta a portarmi una busta.
"Ecco, per Lei..." mi dice.
"Una lettera?"
"Non credo. Sarà la nota per il pagamento del dottor Ambrosini. Il servo vuol sapere se può pagare subito."
"Subito" rispondo io.
"La nota è una scusa" penso. Adriana è venuta per capire se il bacio che le ho dato durante la seduta spiritica significa qualcosa, se lei ha speranze con me.
Vado all'armadietto in cui tengo il denaro. Noto che la chiave non gira: è aperto! Mancano dei soldi!

---

1) **sobbalzare:** saltare su, svegliarsi all'improvviso da uno stato di calma.

"Hanno rubato? Quanto?" mi domanda Adriana con una voce che non sembra la sua.
"Dodici... dodicimila lire" balbetto io. "Erano sessantacinque. Adesso sono cinquantatré!"
"Chiamo il babbo! Chiamo il babbo!" grida Adriana.
"No!" esclamo. "Non si **agiti**[2] così, per carità! Io non voglio, non voglio! Che c'entra Lei?"
"Ladro, ladro... anche ladro!" dice lei piangendo. "Ho sentito, nel buio... Mi è nato il sospetto... Ma non ci volevo credere."
Intanto io penso: "Papiano, sì; il ladro non può esser che lui. Lui, per mezzo del fratello, durante quella seduta spiritica. E io? Che cosa posso fare? **Denunciarlo**[3]? E come? Non posso chiedere la protezione della legge perché sono fuori dalla legge. Non esisto io, per la legge".
"Ma Lei lo denuncerà!" esclama Adriana.
"No! E Lei starà zitta! Non dirà nulla a nessuno, ha capito?" le rispondo io.
"No! No! Voglio liberare la mia casa da quell'uomo!"
"Va bene. Lo denuncerò" le dico solo per calmarla. "Ma Lei mi prometta di non dire niente a nessuno nel frattempo."
"Va bene. Lo prometto" dice Adriana e scappa nella sua camera.

Esco di casa come un matto. Cammino a lungo per le strade di Roma e penso.
Dopo un po' torno a casa. Appena arrivato alla porta, sento Papiano e Paleari gridare.

---

2) **agitarsi**: passare dalla tranquillità alla tensione, all'irrequietudine.
3) **denunciare**: accusare una persona di aver rubato qualcosa o aver commesso qualche crimine o delitto.

CAPITOLO 6

Mi viene incontro la Caporale e mi domanda: "Allora è vero? Dodicimila lire?".
"Chi l'ha detto?" grido alla Caporale. "Non è vero niente: ho ritrovato il denaro!"
La Caporale mi guarda stupita: "Il denaro? Ritrovato? Davvero?". Corre nel salotto gridando: "Il signor Meis ha ritrovato il denaro!".
Seguo la Caporale. Nel salotto ci sono Papiano, Paleari e Adriana che sta piangendo.
Io spiego: "Avevo le dodicimila lire qui con me, nel portafogli".
"Ma se Lei..." dice Adriana "ha guardato dappertutto..."
"Sì, signorina" la interrompo. "Ma ho cercato male, evidentemente."
"No! No! No! Non le credo!" grida Adriana e scappa via in lacrime.
Papiano si volta e dice: "Io me ne vado lo stesso, oggi. Sembra che non ci sia più bisogno di me in questa casa! E comunque devo andarmene. Il marchese mi ha dato una lettera per il direttore di una casa di salute a Napoli per curare mio fratello. Ma prima di partire, ho un appuntamento con il marchese qui a Roma. Ha invitato anche il signor Paleari e Adriana."
Paleari allora esclama: "Venga anche Lei con noi, signor Meis!".

Mi ritiro in camera e il mio pensiero corre subito ad Adriana, che è scappata via piangendo. Poco dopo le quattro, bussa alla mia camera il signor Anselmo. Mi dice: "È pronto? Andiamo allora dal marchese d'Auletta!".
"Eccomi" gli dico "Sono pronto."
La mia intenzione è di corteggiare la nipote del marchese. Voglio fare capire così ad Adriana che non c'è nessuna

possibilità di avere un futuro con me. È meglio per lei. Perché io sono un uomo senza identità, un bugiardo. Non può avere una vita felice con me.
Viene con noi anche Adriana che sta ancora piangendo.
"Non voleva venire" dice Paleari. "Ma l'ho convinta."

La casa del marchese Ignazio Giglio d'Auletta mi ispira una certa curiosità.
Entrano prima Pepita Pantogada con la governante; subito dopo don Ignazio Giglio d'Auletta. È molto gentile con noi. Parlando con **accento**[4] napoletano ci mostra il salone, pieno di ricordi. Tutti testimoniano la sua fedeltà ai Borbone.
Poco dopo, lascio il marchese con Paleari e Papiano, e mi avvicino a Pepita.
Mi accorgo subito che è molto nervosa. Aspetta qualcuno: il pittore Bernaldez che deve finire di dipingere il ritratto di Minerva, la sua cagnetta. Quando finalmente arriva, Pepita gli volta le spalle; è offesa dal suo ritardo.
Il pittore riprende a dipingere il ritratto di Minerva.
Pepita, per punirlo del ritardo, si mette a parlare a bassa voce con me. È chiaro che vuole **farlo ingelosire**[5]. Ma non si ingelosisce soltanto lui. Anche Adriana soffre per il nostro comportamento.
Intanto la governante non riesce a tenere il cane nella posizione che vuole Bernaldez.
Allora, a un certo punto, il pittore infuriato grida a Pepita: "La

---

4) **accento**: modo di pronunciare le parole tipico di una città o una regione.
5) **far ingelosire**: rendere geloso (chi ha paura di perdere l'oggetto del proprio amore).

CAPITOLO 6

Prego! Faccia almeno star ferma la bestia!".
"Bestia, bestia..." scatta Pepita. "Sarà pure una bestia, ma non è giusto parlarle così!"
A quel punto intervengo anch'io: "Capisco, signor mio, che Lei sarà magari un gran pittore, ma poco gentile, mi pare. E fa paura alla cagnetta."
"Vedremo se alla cagnetta soltanto!" fa lui. E se ne va infuriato.
Pepita scoppia a piangere e cade **svenuta**[6] tra le braccia della signora Candida.
Intanto Bernaldez è tornato nella stanza. Nella confusione non mi accorgo che cerca di darmi un pugno. Io però non riesco a reagire perché sono bloccato da Paleari e Papiano.
Il marchese allora interviene e mi dà un consiglio: "Da gentiluomo, Lei deve dare una bella lezione a quel **mascalzone**[7]. Deve sfidarlo a **duello**[8] per rimediare all'offesa che ha subito."
Chiedo allora a Paleari e Papiano di farmi da **padrini**[9] per il duello, ma non accettano.
"Ma c'è un rimedio! C'è un rimedio!" mi spiega Papiano. "Basta rivolgersi a due ufficiali dell'esercito: non possono rifiutarsi di rappresentare un gentiluomo come Lei in una sfida d'onore".
"Va bene!" gli rispondo. Ma so che non posso farlo. Non posso farlo perché sono un uomo senza identità.
Che cosa posso dire ai due ufficiali? Come posso presentarmi?

---

6) svenire: perdere i sensi; non essere cosciente.
7) mascalzone: chi si comporta male nei confronti di un'altra persona.
8) duello: scontro, combattimento tra due persone armate nello stesso modo.
9) padrino: persona che assiste, fa da testimone a chi partecipa a un duello.

Chi sono io? Adriano Meis, ma senza documenti.
E dunque devo sopportare l'offesa come **ho tollerato**[10] il furto?
E come posso ancora vivere? No, no, basta! Basta! Ma prima devo almeno provarci.
Esco dalla casa del marchese d'Auletta e vado al Caffè Aragno. Lì vedo un ufficiale e gli dico: "Mi presento da solo: Adriano Meis. Non sono di Roma e non conosco nessuno. Ho avuto una lite e ho bisogno di due padrini, ma non so a chi rivolgermi. Se Lei con un Suo compagno vuole...".
Mi guarda un attimo e poi mi spiega che non posso duellare subito. Devo prima telegrafare, comunicare, andare dal colonnello... Quindi mi elenca tutti gli articoli del **codice cavalleresco**[11].
Ma io non accetto tutte queste perdite di tempo.
Allora la conversazione diventa quasi un litigio. Scappo via, fuori di me, arrabbiatissimo.

Vago per la città per qualche ora e alla fine mi ritrovo sul Ponte Margherita, a guardare il fiume nero nella notte.
Mi sono aggirato[12] per più di due anni come un'ombra, in questa illusione di vita oltre la morte. E adesso? Adesso mi vedo costretto a uccidermi davvero!?
Mi ribello a questa idea. No, non posso uccidermi.
Posso forse tornare a Miragno? Uscire da questa bugia che mi **soffoca**[13] e tornare nel mio paese, col mio vero nome?

---

10) **tollerare**: sopportare; permettere.
11) **codice cavalleresco**: comportamento da tenere per essere cavalieri.
12) **aggirarsi**: andare in giro senza uno scopo, una meta.
13) **soffocare**: non riuscire a respirare.

CAPITOLO 6

Quindi adesso non devo uccidere Mattia Pascal, un morto, ma Adriano Meis, condannato a essere un **vile**[14], un bugiardo!
Deve morire annegato come Mattia Pascal.
Mi guardo attorno per vedere se c'è qualcuno a guardare, ma non c'è nessuno.
Su un foglietto scrivo: ADRIANO MEIS, l'indirizzo e la data.
Mi tolgo il cappello, ci metto il biglietto, lo lascio a terra sul ponte col bastone accanto e scappo via.
Lascio tutto a Roma: casa, abiti, libri. Con me ho solo i soldi.

---

14) vile: persona che non ha coraggio.

Comprensione

1) Indica se le seguenti frasi sono vere (V) o false (F).

		V	F
1.	Adriano tiene i soldi nell'armadietto.	☐	☐
2.	Il furto viene denunciato.	☐	☐
3.	Al suo ritorno Adriano sente Papiano e Paleari litigare.	☐	☐
4.	Terenzio Papiano deve andare in una casa di cura.	☐	☐
5.	Adriano va a casa del marchese d'Auletta con Papiano.	☐	☐
6.	La casa del marchese è piena di ricordi.	☐	☐
7.	Adriano vuole corteggiare Pepita perché è innamorato di lei.	☐	☐
8.	Il pittore Bernaldez sta dipingendo una cagnetta.	☐	☐
9.	Adriano sfida a duello il pittore Bernaldez.	☐	☐
10.	Adriano è stanco della sua vita.	☐	☐

2) Completa le seguenti frasi con l'aggettivo corretto.

fedele • nervosa • gelosa • arrabbiato • annegato • aperto • svenuta • triste • gentile

1. Adriano va verso l'armadietto, ma lo trova ....: mancano parecchi soldi.
2. Adriano vuole andare dal marchese e corteggiare sua nipote Pepita per rendere .... Adriana.
3. Il marchese è molto .... con gli ospiti.
4. Il marchese è .... ai Borbone.
5. Pepita è molto .... perché il pittore è in ritardo.
6. Il pittore Bernaldez è molto .... con la cagnetta.

7. Dopo il litigio Pepita cade .... tra le braccia della signora Candida.
8. Adriano è molto .... perché non riesce a trovare nessuno che lo aiuti per il duello.
9. Alla fine ha un'idea. Decide di far morire .... Adriano Meis.

Vocabolario

1) Abbina i nomi al verbo corretto.

1. ☐ ufficiale
2. ☐ pittore
3. ☐ ladro
4. ☐ assassino
5. ☐ innamorato

a. uccidere
b. combattere
c. rubare
d. corteggiare
e. dipingere

2) Trova l'intruso.

a ☐ sopportare   b ☐ tollerare   c ☐ rappresentare   d ☐ reggere
a ☐ comunicare   b ☐ scrivere   c ☐ litigare   d ☐ telegrafare
a ☐ denaro   b ☐ ladro   c ☐ soldi   d ☐ lire
a ☐ nazione   b ☐ marchese   c ☐ signore   d ☐ principe
a ☐ nome   b ☐ cognome   c ☐ cappello   d ☐ indirizzo

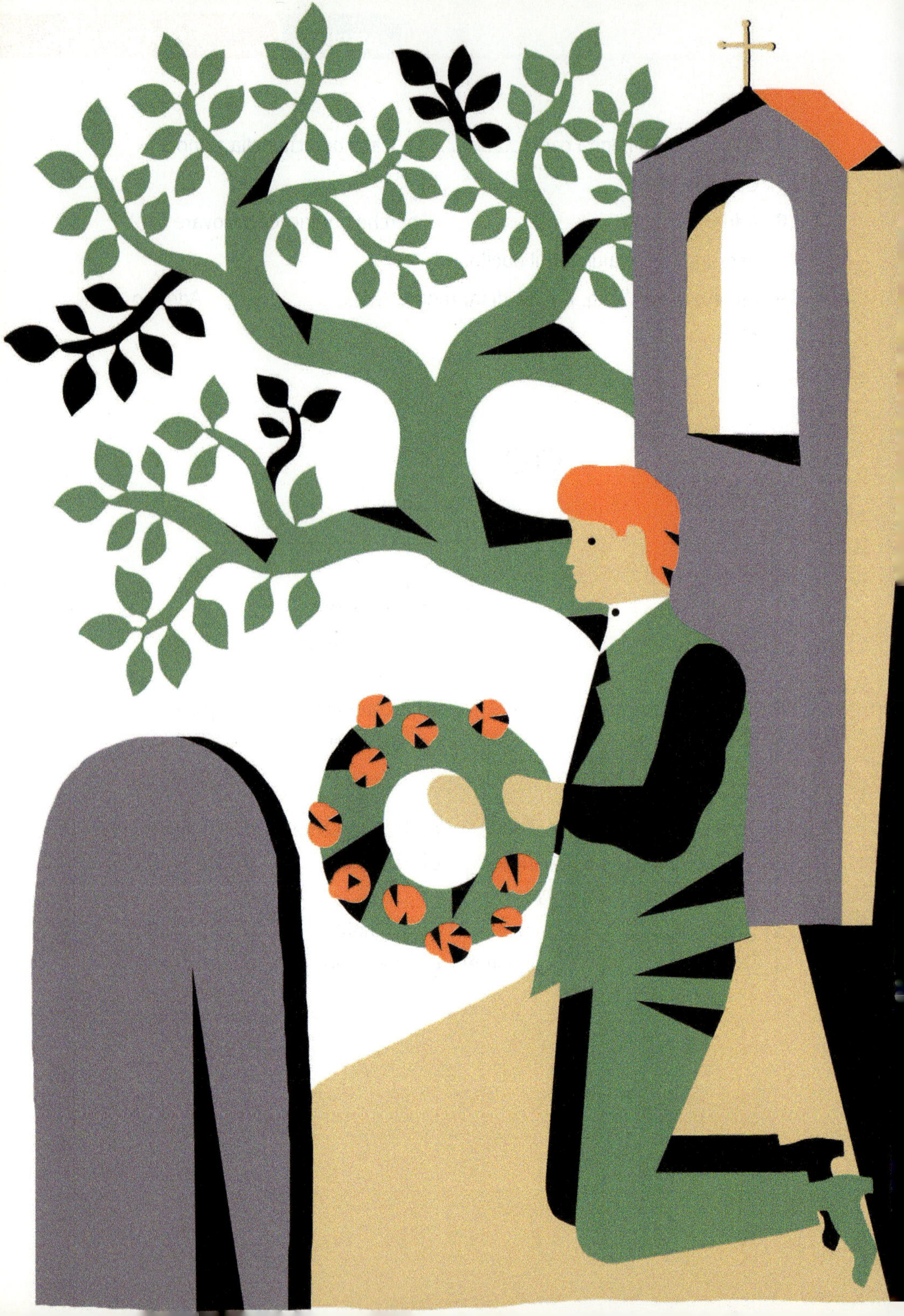

Capitolo 7
Il ritorno

TRACCIA 9

Arrivo alla stazione in tempo per prendere il treno delle dodici e dieci per Pisa.
Compro il biglietto, salgo sul treno e mi siedo in un vagone di seconda classe, con il berretto tirato sul naso. Finalmente il treno parte. E penso: "Ah! Torno a esser vivo, a esser io, io Mattia Pascal. E non devo più mentire. Come sono stato stupido a pensare di diventare un altro; a pensare di potere essere felice senza identità!".
Ripenso al mio girovagare di questi due anni. Penso anche ad Adriana con dolcezza, ma anche con tristezza. Me la immagino che piange mentre mi ricorda.
Però mi dico: "Se io per te non posso esser vivo, Adriana, meglio se tu mi pensi morto!".

Decido di passare qualche giorno a Pisa per non stabilire una relazione tra la ricomparsa di Mattia Pascal a Miragno e la scomparsa di Adriano Meis a Roma.
Mi restano ancora più di cinquantaduemila lire.

Arrivato a Pisa, compro un cappello (di quelli usati una volta da Mattia Pascal) e mi faccio tagliare i capelli corti come un tempo.

Il terzo giorno parto per Oneglia, la cittadina dove abita mio fratello. Voglio vedere come Berto reagirà quando vedrà il mio fantasma. Quando arrivo alla sua villa, Berto non mi riconosce. "Con chi ho il piacere...?"
"Berto!" gli grido, aprendo le braccia. "Non mi riconosci? Sono io, Mattia! Non aver paura! Non sono morto. Mi vedi? Toccami! Sono io!"
"Mattia! Mattia! Mattia! Ma com'è? Tu? Oh Dio, fratello mio! Caro Mattia!" Mi abbraccia forte forte e mi chiede: "Che cosa è successo?".
"Non ero io quello morto nel mulino della *Stìa*. Mi hanno scambiato per un altro. Io ero lontano da Miragno e, come forse anche tu, ho saputo del mio suicidio alla *Stìa* dal giornale."
"Non eri dunque tu?" esclama Berto. "E che hai fatto in questi anni?"
"Sono andato di qua e di là, credendomi felice. Poi, dopo tante esperienze, mi sono accorto che sbagliavo. Fare il morto non è una bella professione! Ed eccomi qua: torno a casa."
"Ma tu vuoi tornare a Miragno!" esclama Berto.
"Certamente. Stasera."
"Dunque non sai niente? Non sai che tua moglie...?"
"Morta?" esclamo.
"No! Peggio! Ha... ha ripreso marito!"
"Marito?"
"Sì, Mino! Da più di un anno."

CAPITOLO 7

"Mino? Mino, marito di..." balbetto e poi rido amaramente.
"Ridi?"
"Ma sì, ma sì. Tanto meglio! Questa è una fortuna!"
"Una fortuna? In effetti no. Ma non sai dunque che devi riprenderti tua moglie?"
"Io? Come?"
"Ma certo!" dice Berto. "Il secondo matrimonio si **annulla**[1], e tu devi riprendertela."
"Come! Che cosa dici?" grido. "Mia moglie si risposa, e io... Ma che? Non è possibile!"
"E io ti dico invece che è proprio così!" mi ripete Berto convinto. "Mio cognato è avvocato e queste cose di legge le conosce molto bene."
Io rimango in silenzio. E lui: "Allora ci torni lo stesso? Anche dopo questa notizia?".
"Certo che ci torno!" esclamo. "Dopo tutto quello che ho sofferto non voglio fare ancora il morto! Voglio sentirmi di nuovo vivo!"

Parto col treno delle otto di sera per Miragno e prendo un biglietto di prima classe.
Sono troppo arrabbiato con mia moglie e Mino e quindi non ho più paura che qualcuno mi riconosca. Dalla stazione vado direttamente al Palazzo del cavalier Gerolamo Pomino, il padre del mio ex amico. Vedo sul portone una fascia di **lutto**[2]. Busso. Solo dopo qualche minuto mi viene ad aprire la

---

1) **annullare**: non avere più valore.
2) **lutto**: usanze e cerimonie dopo la morte di qualcuno.

vecchia portinaia. Le domando: "Il cavalier Gerolamo Pomino?".
La donna mi guarda meravigliata e allora capisco che il padre di Mino è morto.
"Il figlio" le spiego.
La portinaia mi accompagna lentamente su per le scale.
Io la seguo ancora eccitato e furioso. Quando arrivo all'ultimo scalino sento dall'altra parte della porta la voce della vedova Pescatore: "Chi è?".
E io piano, con voce profonda, rispondo: "Mattia Pascal".
"Chi?!" grida la vedova Pescatore.
"Mattia Pascal" ripeto.
Sento che la vecchia strega scappa via. Sta chiedendo aiuto, probabilmente a Mino.
Questi arriva. Apre la porta e mi vede. Fa un passo indietro.
Gli dico: "Mattia Pascal! Dall'altro mondo!".
Mino cade per terra e grida: "Mattia! Tu?!".
La vedova Pescatore, con un **lume**[3] in mano, lancia un **urlo**[4].
Io entro e richiudo la porta dietro di me.
"Zitta!" le grido. "Crede veramente che io sia un fantasma?"
"E da dove vieni?" mi chiede con terrore.
"Dal mulino, strega!" le grido. "Sono io? Mi riconosci? O ti sembro ancora quel disgraziato annegato alla *Stìa*?"
"Non eri tu?"
"**Crepa**[5], strega! Io sono qua, vivo! Su, alzati tu" dico rivolto a Mino. "Dov'è Romilda?"

---

3) lume: lampada.
4) urlo: grido.
5) crepare: morire.

CAPITOLO 7

"Con la piccina" risponde Mino.
"Che piccina?"
"Mia... mia figlia..." balbetta Mino.
"Tua figlia?" mormoro. "Avete una figlia?"
"Mamma, va' da Romilda, per carità" grida Mino.
Ma Romilda è qui. Col **busto**[6] aperto, la bambina al seno, si avvicina, mi vede e sviene.

Quando Romilda si riprende le chiedo: "Piangi? Perché piangi? Piangi perché sono vivo? Mi volevi morto?".
"Ma come... tu? Che... che cosa hai fatto?" chiede lei.
"Io, che cosa ho fatto?" sorrido. "Lo domandi a me, che ho cosa fatto? Tu hai ripreso marito, quello sciocco là! Tu hai messo al mondo una bambina e hai il coraggio di domandare a me che cosa ho fatto?"
"E ora?" piange Mino.
"Ma tu, tu... dove sei stato? Ti sei finto morto e te ne sei scappato..." comincia a gridare la vedova Pescatore e alza le braccia contro di me.
Le afferro un polso e le grido: "Zitta, Le ripeto! Stia zitta, Lei! Se La sento parlare, perdo la pazienza e faccio valere la legge! Sa che cosa dice la legge? Che io ora devo riprendermi Romilda..."
"Mia figlia? Tu? Sei pazzo!" urla la vedova Pescatore.
"Finitela!" grido a un certo punto. "Gliela lascio! Gliela lascio volentieri! Mi crede sul serio così pazzo da voler ridiventare Suo genero? Su, smetti di piangere, cara Romilda. Io ora sono

---

6) **busto**: indumento che le donne portavano una volta per coprire il seno.

vivo, vedi? e voglio stare **allegro**[7]. Allegro! Adesso troviamo una soluzione."
"Ma il matrimonio si annulla?" grida Mino.
"Si annullerà **pro forma**[8]" gli dico. "Non farò valere i miei diritti e non mi farò neppure riconoscere vivo ufficialmente. Mi basta che tutti mi rivedano vivo per uscire da questa morte."
"Ma rimarrai qui, a Miragno?" chiede Mino.
"Sì, certo" gli rispondo.
"Ma con te, qua, vivo, lei non sarà più mia moglie..."
"E tu pensami morto!" gli rispondo tranquillamente.
"Ma di fronte alla legge sarai vivo!" grida lui.
"Oh, insomma... Volevo **vendicarmi**[9] e non mi vendico; ti lascio la moglie, ti lascio in pace, e non ti accontenti? Insomma, vuoi che vada ad annegarmi nel mulino della *Stìa*?"
"Non pretendo questo!" risponde Mino. "Ma vattene, almeno! Senza farti vedere da nessuno. Perché io qua... con te... vivo, che cosa faccio?"
Mi alzo; gli batto una mano sulla spalla per calmarlo e gli rispondo: "Sono già stato a Oneglia, da mio fratello, e tutti, là, a quest'ora, mi sanno vivo. E poi non ho nessuna intenzione di tornare a essere morto. Vai a fare il marito in pace.
Ti prometto che non verrò mai a disturbarti."
Quindi me ne vado.
"Basta. Addio! Buona fortuna!" dico, salutando tutti.

---

7) **allegro**: felice.
8) **pro forma**: solo in apparenza, non nella sostanza.
9) **vendicarsi**: farsi giustizia da soli.

CAPITOLO 7

Scendo giù in strada e mi trovo ancora una volta da solo.
E ora? Dove vado? Guardo la gente che passa, ma nessuno mi riconosce.
Alla fine del mio triste giro per il paese vado alla biblioteca nella chiesetta di Santa Maria Liberale, dove trovo al mio posto il reverendo amico don Eligio Pellegrinotto. Questi non mi riconosce all'inizio, ma poi gira il paese insieme a me e mi ripresenta tutti gli abitanti.
Anche l'amico Lodoletta viene a **intervistarmi**[10] per il suo giornale "Il Foglietto".
Il titolo della domenica è: MATTIA PASCAL È VIVO!

Mino e Romilda continuano a vivere felici nel palazzo del defunto cavalier Gerolamo Pomino e non li vedo quasi mai.
So che la loro piccola cresce bene.
Io ora vivo in pace, insieme con la mia vecchia zia Scolastica, che mi ha offerto una camera presso di lei.
Dormo nello stesso letto in cui è morta la mia povera mamma e passo gran parte del giorno in biblioteca, in compagnia di don Eligio.
Ho impiegato circa sei mesi a scrivere questa mia strana storia, ma ancora adesso non mi sento completamente vivo.
Del resto nel cimitero di Miragno, sulla fossa dell'uomo che si è ucciso alla *Stìa*, c'è ancora la **lapide**[11] dettata da Lodoletta.

---

10) **intervistare**: chiedere a qualcuno informazioni per metterle sul giornale.
11) **lapide**: pietra che si mette sopra la tomba nel cimitero per ricordare una persona morta.

COLPITO DA **AVVERSI FATI**[12]
MATTIA PASCAL
BIBLIOTECARIO
CUOR GENEROSO ANIMA APERTA
QUI **VOLONTARIO**[13]
RIPOSA
LA PIETÀ DEI CONCITTADINI
QUESTA LAPIDE POSE

Ogni tanto vado al cimitero a posare una corona di fiori sulla mia tomba. Mi capita certe volte di incontrare qualcuno che non mi riconosce e mi domanda: "Ma Lei chi è?".
Allora chiudo leggermente gli occhi e rispondo: "Io sono il fu Mattia Pascal".

---

12) **avversi fati**: fatti sfortunati, dolorosi.
13) **volontario**: di sua scelta.

Comprensione

1) Rispondi alle seguenti domande.

1. Perché Mattia vuole tornare a Miragno?
2. Dove decide di passare qualche giorno prima del grande ritorno?
3. Quale sentimento prova per Adriana?
4. Da chi viene a sapere che la moglie si è risposata?

2) Scegli l'alternativa corretta.

1. **Dove va Mattia per cercare la moglie Romilda e il suo ex amico Mino?**
   a ☐ A casa della vedova Pescatore.
   b ☐ Al palazzo del cavalier Gerolamo Pomino.

2. **Come viene accolto da Mino e Romilda?**
   a ☐ Sono felici di vederlo.
   b ☐ Sono stupiti e disperati.

3. **Chi è il padre della bambina che Mattia trova in casa?**
   a ☐ Mattia.
   b ☐ Mino, il nuovo marito di Romilda.

4. **Che cosa pensa di fare Mattia per risolvere la situazione?**
   a ☐ Vuole sparire per sempre, ma dice a tutti che è vivo.
   b ☐ Vuole vivere a Miragno, ma non si fa riconoscere vivo ufficialmente.

5. **Dove va Mattia dopo essere uscito dalla casa di Mino?**
   a ☐ Nella biblioteca.
   b ☐ A casa del fratello.

6. **Con chi vive ora Mattia?**
   a ☐ Da solo.
   b ☐ Con la zia Scolastica.

Vocabolario

1) Trova l'intruso.

- **a** ☐ pallina **b** ☐ roulette **c** ☐ piccone **d** ☐ fiche
- **a** ☐ fabbrica **b** ☐ vigneto **c** ☐ terreno **d** ☐ campagna
- **a** ☐ radio **b** ☐ biblioteca **c** ☐ libro **d** ☐ manoscritto
- **a** ☐ tomba **b** ☐ canzone **c** ☐ lapide **d** ☐ cimitero
- **a** ☐ bibliotecario **b** ☐ contadino **c** ☐ cavallo **d** ☐ commerciante
- **a** ☐ pollice **b** ☐ collo **c** ☐ indice **d** ☐ anulare

2) Associa le persone incontrate nel racconto alle professioni.

- assessore comunale • commerciante • insegnante • fattore
- serva • mugnaio • bibliotecario

1. Il padre di Mattia era un ....
2. Don Eligio Pellegrinotto è un .... come Mattia.
3. Il cavalier Gerolamo Pomino è un ....
4. Pietro Salvoni è un ....
5. Margherita lavora come .... in casa Pascal.
6. Dopo essere stato a Montecarlo, Mattia pensa dapprima di tornare a Miragno per fare il .... alla *Stìa*.
7. Silvia Caporale è una .... di pianoforte.

SCHEDA 3

Il fu Mattia Pascal

Il fu Mattia Pascal è pubblicato prima a puntate sulla rivista "La Nuova Antologia" nel 1904 e nello stesso anno come libro. È il **primo grande successo** di Pirandello.

I luoghi
La storia è raccontata **in prima persona** da Mattia nella forma di un lunghissimo **flashback**.
Non ci sono descrizioni dettagliate dei luoghi in cui si svolge la vicenda. Possiamo identificare comunque alcuni luoghi chiave.

Luigi Pirandello insieme agli interpreti della versione cinematografica de *Il fu Mattia Pascal* del 1937.

Nella prima parte della storia Mattia vive a Miragno, un paesino immaginario della Liguria, poi viaggia per diversi anni. Infine si stabilisce a Roma e da qui torna in Liguria.

Il protagonista

Mattia Pascal è una **figura tormentata**: non ha soldi, ha un lavoro modesto e conduce una vita infelice con la moglie e la suocera. Nel giro di un anno Mattia perde le due figlie e la madre. Dopo queste tragedie, comincia la lunga avventura del protagonista. Per caso arriva a Nizza, per caso finisce a giocare in un casinò di Montecarlo. E da questo momento gli viene data l'occasione di ricostruirsi una vita diversa in un posto diverso con un nome diverso. Mattia Pascal diventa Adriano Meis. Ma anche questa non è la soluzione: Mattia non si sente libero perché deve vivere i rapporti con gli altri in modo superficiale e senza identità.

I temi

Il *Fu Mattia Pascal* è un romanzo ricco di temi importanti.
Un tema rilevante è quello della **famiglia** sentita **come una prigione**. Così Mattia vive la vita familiare a Miragno, ma anche quella a Roma, dove vive presso una famiglia che non è la sua, ma rimane comunque coinvolto in relazioni complicate. Il rapporto più sentito e autentico di Mattia sembra essere quello con la madre che però muore nella prima parte della storia.
Nel romanzo è trattato anche il tema della **fortuna**. Questo tema è interpretato in modo molto personale. Secondo il protagonista infatti la fortuna non è come una ruota che gira in modo casuale; **sono gli uomini che devono seguirla e cercarla.** Come succede a Mattia al casinò.
Un altro tema del romanzo è quello dell'**autenticità**. Il fu Mattia Pascal aveva una vita brutta e triste, mentre il nuovo Adriano Meis è ricco e libero. Ma nonostante questo non riesce a essere felice perché non può essere sincero con nessuno.

SCHEDA 3

1) Scegli l'alternativa corretta.

   1. *Il fu Mattia Pascal* è il
   a ☐ primo
   b ☐ secondo
   grande successo di Pirandello.

   2. La storia è raccontata
   a ☐ in prima persona da Mattia.
   b ☐ da un narratore esterno.

   3. Le descrizioni dei luoghi in cui si svolge la storia sono
   a ☐ dettagliate.
   b ☐ non dettagliate.

2) Rispondi alle seguenti domande.

   1. Quali sono i luoghi principali della storia?
   ....

   2. Perché Mattia Pascal è una figura tormentata?
   ....

   3. Quando comincia la sua avventura?
   ....

   4. Perché anche la seconda vita di Mattia non è una soluzione ai suoi problemi?
   ....

   5. Quali sono i temi rilevanti del romanzo?
   ....
   ....